海淀『科技公民』培育项目支持

# 说不

# 向平庸

格致论道／编

海淀少年
成长记

化学工业出版社

·北京·

## 内容简介

美国教育家杜威曾说："兴趣是生长中能力的信号和象征。"每一个孩子都有着与生俱来的禀赋，关键在于怎样去培养和开发。孩子的兴趣和爱好，可以开发他们的智力，可以促使他们产生积极的情绪，并给他们无穷的力量。

怎样培养孩子使其健康成长？怎样引导孩子树立目标？青少年该怎样协调自己的兴趣与学习？青少年该怎样去积极地面对生活和学习？……针对这些问题，我们精选了四期"格致论道·未来少年"的学生演讲内容，涵盖了科学兴趣、传统文化、生活感悟三个方面，涉及青少年在科学探究、科技发明、追逐艺术、多彩生活等方面的大胆尝试和自我突破。希望用青少年们热爱与执着实现梦想的动人故事，给读者以启迪。

**图书在版编目（CIP）数据**

向平庸说不：海淀少年成长记 / 格致论道编 .
北京：化学工业出版社，2024.10. -- ISBN 978-7-122-46251-0

Ⅰ . H019-49

中国国家版本馆 CIP 数据核字第 2024YL6662 号

---

责任编辑：王清颢　　　　　　　装帧设计：梧桐影
责任校对：李　爽

---

出版发行：化学工业出版社
　　　　　（北京市东城区青年湖南街13号　邮政编码100011）
印　　装：中煤（北京）印务有限公司
710mm×1000mm　1/16　印张11¾　字数147千字
2025年1月北京第1版第1次印刷

---

购书咨询：010-64518888　　　　　售后服务：010-64518899
网　　址：http://www.cip.com.cn
凡购买本书，如有缺损质量问题，本社销售中心负责调换。

---

定　　价：69.80元　　　　　　　　版权所有　违者必究

# 编委会名单

# 序

## 更深刻地理解世界
## 更自由地体验人生

当我们最初接触这个世界，心中一定充满好奇。为什么天空的颜色湛蓝？为什么云彩的形状会变？为什么天上有那么多星星，倏忽间掉下来一颗，落在天边？……

于是儿时的我们，想长大后当一名科学家，或者一名诗人，去探求这些问题的答案，用最简练的语言表达内心的波澜。

随着年龄的增长，我们接受了世界现在的样子，很多事情似乎变成了必然。我们不再敏感，不再因为寒冬后的一尖嫩绿而欣喜，不再因为深秋的一片枯黄而感伤。我们习惯于低着头走路，因为还有很多事情要忙。

打开这本书，啊，幸亏还有这样一批眼睛清澈的阳光少年，他们保持着儿时的好奇，不断追问着为什么，以及问题背后的答案。探究天地运转的背后，到底是一只怎样的大手在推动；思考山的那一边，住着几位美丽的神仙……

一定还有一位高明的家长，或者一位厉害的老师，小心地呵护着摇曳的小火苗不被风吹散，而不是直接把答案拽到少年的眼前。

于是就有了这些作品，让我们看到一个个探求世界的小小身影，还有些单薄，却无比坚韧。让我们关注一个个有意思的话题，有的发人深思，有的令人忍俊不禁。还有少年们在讲台上的精彩表现，风采飞扬，滔滔且侃侃。

这些同学是幸福的，作品被结集出版，那是经过了美丽风景后的一串串脚印，也是好奇心冲洗出来的一张张照片。就这样向前奔跑吧，去看更美丽的风景，去攀没有人登顶过的高山。

把书合上，我真心羡慕，我怎么能成为这书中的一位少年？

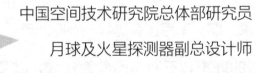

中国空间技术研究院总体部研究员

月球及火星探测器副总设计师

# 前言

## 青少年怎样才会变得有目标，有方向？

教育家杜威曾说："兴趣是生长中能力的信号和象征。"每一个孩子都有着与生俱来的禀赋，关键在于怎样去培养和发掘。

作为中国科学院旗下的科学文化演讲品牌，10年来，"格致论道"一直致力于非凡思想的跨界传播，邀请了来自科学、文化、艺术、教育等不同领域的杰出人士分享他们的前沿思想和观点。随着期数的增加，我们发现，"格致论道"的忠实观众中青少年的比例不断攀升，而且他们提出的一些问题也经常会引起我们深思。我们不由得想到，非凡的思想绝非仅属于各个领域的佼佼者，正在成长的少年亦拥有着无限的可能，我们能不能为少年们举办一场独属于他们的演讲？让少年从观众席走向舞台中央，把青春的朝气、热爱与力量通过演讲传递给更多人。

机会很快就来了。2019年，我们与中共北京市海淀区委宣传部、北京市海淀区精神文明建设委员会办公室、北京市海淀区教师进修学校附属实验学校联合，决定共同发起面向青少年的演讲活动，"格致论道·未来少年"正式启动。我们的目标是立足海淀，面向全国，择优选择 12~18 岁之间的优秀青少年，请他们登台演讲，分享在生活、学习、社会实践等方面的经历和心得体会。第一期活动于2019年11月顺利拉开序幕，经过一轮轮的筛选，历经三个月的打磨，几十版的演讲稿、几百遍的练习，从未磨灭少年心中的火花，真正的热爱只会在挫折与历练中愈发强韧，最终十一名少年站上了舞台，每人用十分钟的时间向所有人讲述自己的坚持与热爱。活动举办以后，参与活动的很多同学写下了自己的感想。其中有一个少年写道："听了他们的故事，我想，要是我也能潜心研究，是不是也能像他们一样呢？"这样的反馈，让我们看到了一颗种子在少年心中的萌芽，更加坚定了我们把"未来少年"继续办下去的信念。

所以，自2019年起，我们每年都会举办一期"格致论道·未来少年"专场。有了几期活动的精彩展现，越来越多的少年渴望在这个舞台上讲述自己的故事，我们也在一个个故事中看到了他们的鲜活、热血、纯粹。有的少年像天生的学者，将自己泡在实验室或山林之中，与晶体、昆虫惺惺相惜；有的少年对文化无限痴迷，在博物馆中与历史交谈，在纸上墨间窥中华风骨；也有的少年将生活打造成独一无二的艺术品，在舞台上品味多彩人生，在音韵中感受音乐魅力……

也许少年的认识仍然稚嫩，观点仍需推敲，但我们看重与推崇的，自始至终都是青春这一幅纯洁而不设限的图景、无畏而上下求索的精神，这正是我们想要在青少年中弘扬和传播的精神。因此，我们精选了"格致论道·未来少年"四期30多篇演讲内容，从科学兴趣、传统文化到生活感悟，我们希望用海淀少年们因为热爱而勇敢追梦的故事，给少年朋友们一些新的启迪和思考。

我们也期待有更多少年能走上"未来少年"的舞台展示自己的才华，分享自己的故事。我们相信，通过这样的交流与分享，少年们不仅能够获得知识与技能，更能在彼此的激励中成长，最终成为社会的栋梁之材。

在此，我们诚挚地邀请每一位关心青少年成长的人士、每一位奋力成长的少年，翻开这些优秀少年的独家故事，感受热爱带给少年的强大力量。无论您是为如何教育孩子苦恼的家长，还是经历迷茫、摇摆的青少年，抑或是模糊了少年时期梦想的成人，相信在本书中，都会找到合适的答案。

格致论道

2024年7月

# 目录

## 第三篇

# 学生时代也可以拥有
# 多姿多彩的生活

## 后记

# 第一篇

# 我是怎样
# 爱上科学的

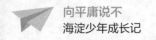

# 1 AI让世界更明亮

◎ 谢昕然（2024年，17岁）❶

每年春节，我都会回到我的老家——浙江衢州的一个农村过年。由于家中有很多成员都是医生，我对身边的医疗问题非常关注。在2023年的寒假，我申请去老家的卫生院做志愿者，协助医生和护士为病人做眼部检查。

## ● 诊断青光眼就像闯关一样

在卫生院做志愿服务的过程中，有一个病人让我印象非常深刻。

当时有一位老爷爷来卫生院，说自己的眼睛不舒服。于是我就协助护士给他拍摄眼底照片，以便后期进行青光眼筛查。需要拍摄眼底照片的患者大多是老人家，而老人家眼皮比较松弛，容易遮挡拍摄，给他们拍摄一张有效的眼底照片尤其困难。我需要帮着固定老人家的眼皮，方便护士拍照。

我和护士不断地提醒说"爷爷，往下看"，但爷爷始终无法配合。把我急得家乡话、普通话一起用，甚至连手语都用上了。

当时还在过年期间，爷爷三番两次说不查了、要回家，想和家人一

---

❶ 2024年为演讲当时的年份；17岁为演讲者当时的年龄。下同。

起过年。但最终，我和护士的耐心安抚和反复劝说还是留住了爷爷。终于在40多分钟以后，我们拍出了一张有效的眼底照片。

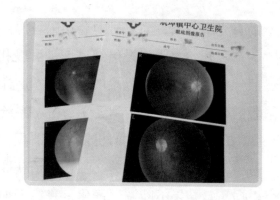

忙碌的一天下来，疲惫之余我感到庆幸。因为我觉得我们给这些老人家拍完照片以后，他们就能够得到及时的诊断和治疗了。

我拿着拍出来的照片去问在卫生院工作的叔叔："通过这些照片，卫生院的眼科医生是不是就可以进行筛查诊断了？"但是叔叔却回答说："眼科医生？卫生院连眼科都没有。"

我听到后非常震惊，原来艰难的拍摄只是诊治青光眼的第一个难关。因为农村缺少眼科医生和高级的眼科诊疗设备，这些照片还得被送出去，经过专业眼科医生的诊断才能返回结果，这又要耽误很久的时间。那一刻，我感觉好像费力地越过一座山丘后，却发现后面才是真正的高山。

## ● 精心的设计败给了模糊的照片

那天晚上，我仔细地查阅了关于青光眼的文献资料。我发现青光眼是一种潜伏性很强、会因延迟治疗带来不可逆伤害的疾病。这种病可能潜伏在看似毫无异样的双眼下，但在几年后会突然发作，甚至致盲。

因此，青光眼的早期诊断非常重要，它可以帮助病人抓住干预的黄金时期，避免青光眼带来的后续不可逆的后果。

我想到，在农村不可避免地会面临专业医生短缺和设备技术欠缺的状况，病人在漫长而艰难的检查过程中打的每一次退堂鼓，都可能意味着一次导致不可逆伤害的延迟诊断。

也是从那个时候开始，我想到了可以利用我正在学习的AI技术来辅助青光眼诊断，为农村的老年患者提供便利。

我开始大胆地设想：是不是可以利用AI技术，做一个可以根据眼底照片识别、诊断青光眼的APP呢？这样的话，用户就能用手机拍下纸质版的眼底照片，上传到云端，由AI系统诊断后返回结果。

基于之前学习过的机器学习课程，在学校老师的指导下，我查阅学习了大量图像识别相关文献，申请获取了足够的医学影像资料和数据。根据实验结果不断调试优化，我终于训练出了一个效果优良的初步诊断模型。

我很兴奋，想要实践一下，看看效果，于是打电话给在老家的奶奶，问她能不能发给我一张她拍的眼底照片，我会基于AI模型立即告诉她诊断的结果。

过了几天照片发过来了。在看到照片的那一刻，我就明白我目前的设计完全高估了老年人使用手机的能力。照片不仅歪斜，还因为没完全对焦，显得十分模糊。这样低质量的照片想必会使诊断精度受到干扰。那能否直接拿到电子版的原图呢？询问叔叔后我又了解到，因为操作复杂和设备不统一，医院是无法把电子版眼底彩照原图提供给患者的。

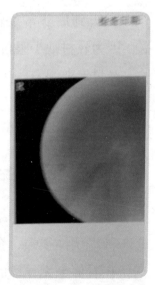

于是，当奶奶抱着立马得到结果的期待问我什么时候把结果给她时，我只能说再等几个月，还有问题要解决。

精心设计训练出的诊断模型，面对实际使用时出现的照片质量问题束手无策。我的心情就好像复习完自信满满去参加考试，并准备考个好成绩，却直接被第一题难倒了。

我开始陷入深深的忧虑之中。我的APP受众群体是老人，而我在设计时高估了老年人使用手机的能力，那这到底还有什么实用价值呢？

## ● 与专业医生合作测试

面对着之前从未预料到的问题，我很快就重新打起精神，开始思考如何去完善APP来解决这个问题。

我想到，可以在诊断前，设置图像预处理模块，提前解决掉照片歪斜和模糊的问题。这个模块涉及与之前AI机器学习非常不同的领域。于是为了解决问题，我又自学了计算机视觉形态学等课程，调研透视转换、基于塔克分解的图像去噪方法等等。

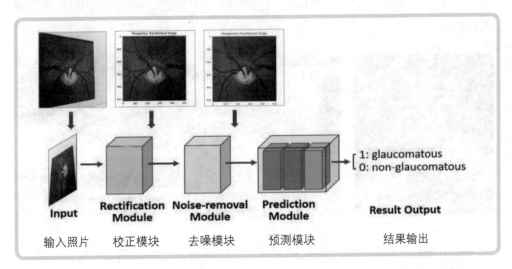

最终，我通过反复的实验，设计出了预处理中的校正和去噪两个模块，让老年人无法拍摄上传高质量照片的问题也得到较好解决，使APP可以返回比较准确的诊断结果。之后，我也成功用奶奶眼睛的照片进行了诊断。

我又在想，想要检验APP到底好不好用，只用身边的老人做测试可能不太够，应该多找一些病例检验和完善诊断的准确率，也希望这个APP能够帮助到更多老年人。

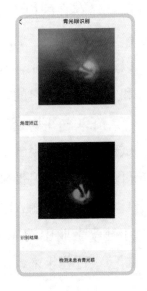

于是，我开始通过网络联系医院，看能不能找到专业的眼科医生来帮助我们测试。

最后我联系到了来自湘雅医院的眼科医师，从医生那里我得知，我在这一年里努力研发的APP是她所知的第一个可以通过价格低廉的眼底照片自动进行青光眼诊断的平台。她希望并鼓励我的APP能够尽快优化调整，让它可以真正帮助到边远地区医疗条件不成熟的病人们进行青光眼诊断。

有了专业医生的指导和帮助，APP的进一步的调整和优化有了比较快的进展。

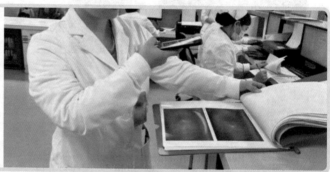

最开始产生做眼底疾病诊断模型这个想法时，就调研了一些目前已经存在的模型平台。我对这些平台进行了测试，它们的准确率为65%~81%不等。而我所研发的APP在同样的测试中，诊断准确度已经可以达到93.01%了。在看到测试结果的那一刻，我觉得这一年的辛苦调研和实验都是值得的。

在2024年回家过年时，我继续参与了不同卫生院的志愿活动，并尝试对APP进行测试，希望APP可以帮助到更多的青光眼患者，让他们不再遭受诊断延迟带来的不可逆后果。

最开始接触AI的时候，我便被AI的强大力量震撼，尤其是AI在医疗健康事业中的应用，从预测蛋白质结构的AlphaFold，到AI多癌诊断……近些年来，AI的飞速发展体现了它解决实际问题的强大潜力。正是因为这样，我对AI的学习和研究十分着迷。

在尝试开发利用AI诊断青光眼APP的过程中，我更是感受到了AI跨学科解决实际问题的力量，并尝试用AI为边远地区的潜在病人带来明亮。我也期待在未来继续学习，见证AI为人类社会带来越来越多的明亮，让世界更加美好。

# ❷ 我和化学的故事

◎ 张子墨（2024年，17岁）

提到化学，有些人的第一感觉是它危险、有害，而对于有些同学，化学是枯燥和难学的。今天我想要告诉大家的是，化学就在我们身边，和生活密不可分。

上初中后，我便十分喜欢化学，尤其喜欢化学实验。看着这些物质在我的操作下发生转变，我感觉非常神奇。于是，在保证安全的前提下，我在家中一角搭建了一个简单的化学实验室❶，里面摆满了瓶瓶罐罐。闲暇时间，我最喜欢的事情就是在我的实验室捣鼓来捣鼓去。

比如，我初三时遇到一道化学题，是关于碱式碳酸铜制备的。这道题有一定的难度，不过我很快就做出来了。做出来之后，我开始进一步思考：这题里的原料硫酸铜，我之前买过，碳酸钠就是做饭用的碱面，或许我可以试试自己做这个实验。

于是回到家后，我便着手准备这次实验。我先将硫酸铜和碳酸钠混合在一起，再进行溶解，然后用温度计来监测温度，用酒精灯来水浴加

---

❶ 书中小作者的有些操作并不专业、规范，请各位读者谨慎模仿，在专业人士指导下进行相关操作。下同。

热……我严格地按照题目中所给的条件来做，却没有得到意想中的产物。我的产物是蓝色的，如右图所示，而作为经典碱式碳酸铜矿物的孔雀石，颜色应该是翠绿色。

蓝色的溶液

两种颜色大相径庭，为什么呢？难道是题目出错了吗？还是我的一些实验操作不规范？我苦思冥想找不到答案，只好先去睡觉了。

第二天一早起来，我惊喜地发现，我的实验产物竟然变成了漂亮的翠绿色。我赶紧拍下来，把照片发给了我的化学老师，他也很惊讶，还安排我给同学们讲了这道题。事后回想一下，应该是经历了一个晚上，反应更充分了。这件事激励我在化学实验的道路上越走越远。

其实并不只是试卷上已知的实验，我还经常会做一些未知的实验，来填补自己的知识盲区。比如，有一次我毫无目的地把硫酸铜溶液和氯化

静置一夜后的溶液

钠溶液混合在了一起。按照我当时的认知，它们不会发生任何反应，溶液应该还是呈现二价铜离子的蓝色。结果混合后的溶液居然变成了绿色。为什么呢？它其中一定发生了化学反应。但是我翻遍了教科书，并没有找到相关介绍。后来经过大量的搜索，我才知道原来是铜离子和氯离子发生了络合反应。就这样，在一次又一次实验中，我不断地发现问题、解决问题，我的化学知识越来越丰富，学习能力也得到了提高。

硫酸铜溶液和氯化钠溶液　　　　　　　　混合后的溶液

化学知识还会帮助我解决生活中的一些问题。比如，我曾经验证过蛋白粉的真假。有一次暑假，我在家健身后出了一身汗，妈妈给我端过来一杯蛋白粉，说："儿子，喝一杯蛋白粉吧，它可以解乏，还可以增肌，很有用。"我拿过来喝了一口，感觉和以前喝的味道不一样。我说："妈妈，你不会买到假货了吧？"妈妈说："怎么可能？我是在××正规的店里买的，不可能是假的。"但我十分肯定自己的想法，就跟妈妈说："要不赌一杯可乐？"妈妈同意了。

那该怎样验证蛋白粉的真假呢？我想到了用双缩脲试剂来检验蛋白质。双缩脲试剂，其实是检验双缩脲结构的试剂，因为蛋白质中含有大量类似的结构，所以也可以用它检验。我把蛋白粉和氢氧化钠混合在一起溶解，使它

加入牛奶的结果　　　　加入假蛋白粉的结果

变性，更容易被检验，之后加入硫酸铜溶液。如果蛋白粉是真的，它里面含有的大量蛋白质会使溶液变成紫色。但结果是：含有这个假蛋白

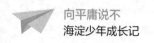
粉的溶液还是蓝色的。为了严谨，我还用含有大量蛋白质的牛奶做了对照实验，含有牛奶的溶液很明显变成了紫色。结果出来，我得意扬扬地说："妈妈，化学很神奇吧？您输啦！"于是，我就喝到了一杯冰可乐。

仔细想想，我和化学的缘分可以追溯到更早。不知道大家知道不知道一种玩具，叫史莱姆。这个玩具的可塑性很强，有着半液态的外观，可以捏来捏去，十分解压。当时大部分同学都直接买成品，而我选择自己做。我先将白胶用水稀释，加入硼砂水，又根据自己喜欢的颜色加入一些色素，然后搅拌成形即可。这是我人生中第一个做成功的化学实验。但它的原理是什么，当时我并没有细想，其中的奥秘直到高中我才知道。这就不得不提到元素——硼。元素周期表大家都知道：氢、氦、锂、铍、硼……硼排在第5位，却是前18个短周期元素中，人们在学习和生活中接触得最少的。

那么，硼在这里起到什么作用呢？胶水与硼砂水混合后，硼砂中的硼起到了交联的作用。它交联了两条胶水的高分子链，形成了网状的结构。而网状结构又不是十分稳定，其中的化学键会迅速断裂，又迅速地生成，这样就造就了产物半液态的神奇外观。

作为交联剂，在生物高分子领域已经有了很广泛的研究。比如说，硼和多糖交联后可以作为药物的载体，定向地将药物运输到我们想要的部位；在有机合成领域，硼还有十分重要的催化作用，有时候甚至能代替一些有毒且昂贵的贵金属，这是当今非常前沿的科学研究。

真没想到我小时候的玩具，竟然和前沿科学有着如此紧密的联系。"化学创造美好生活。"这话不是我说的，而是中国科学院化学所常用的口号，但这句话也正是我的心愿。

# ③ 一个由金银花引出的化学故事

◎刘元媛（2019年，17岁）

## ● 我与金银花的小秘密

曾几何时，我对化学有很深很深的误解，直到我与金银花的相遇，才改变了我的看法。

还记得那年夏天军训，天气十分炎热，加上我不爱喝水，身体的各种不适就出现了。当我找到医务室的老师时，老师说我是"上火"了，然后拿出了一大包金银花。看来老师已经有了经验，很多同学都会有相关的问题。

当我喝完了金银花茶，症状确实得到了明显缓解。当时我很好奇，为什么这么一小撮金银花就能缓解我的不适呢？于是我决定一定要把它查清楚。

我上网查找了大量的资料，发现金银花的主要成分是一种名为绿原酸的化学物质。据网上介绍，它含有一定的羟基，羟基可以生成氢自由基，氢自由基又可以消除羟基自由基与超氧氯离子等自由基的活性，同时，保护我们的身体免受氧化作用的伤害。这就是为什么金银花有那么多的功效了。

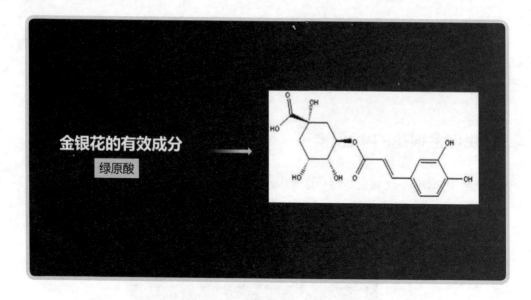

但是网上查到的东西，不一定是真的，于是我决定去找化学老师。当我拿了一些金银花找到我的化学老师，他和我说："好啊，我们可以到化学实验室去验证一下，看网上的说法到底是不是真的。"

下图中这个机器就是红外光谱仪。

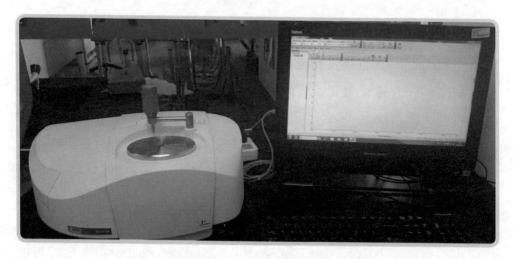

一开始我拿了完整的金银花放在检测台上，得到了一条很平稳、锯齿状的图线，很明显，实验是无效的。于是我又把金银花研磨成粉末，再次放到检测台上，机器扫描出了一条条很优美的曲线，但是这个结果

仍旧不正确。一遍遍尝试，一遍遍扫描，我终于得到了下面这张图，黄圈圈出的部分就是金银花的特征峰了。

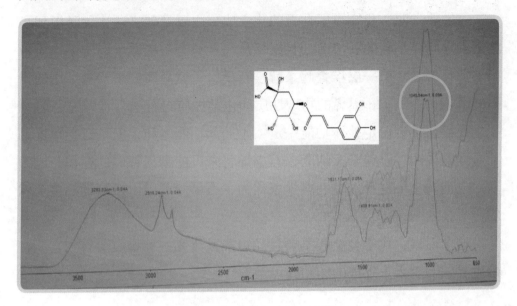

可是，我看到在实验室所得到的结果中，有一些化学键是绿原酸所没有的，我才意识到，金银花是作为一种混合物出现在我们的生活中的。绿原酸是它的主要成分，同时，它还含有其他成分。

这次对金银花的探索，让我对化学有了一些全新的认识，我觉得它好像一位朋友，在我们的生活中无处不在。同时，它还教会了我一些平常生活中不知道的知识，用它独特的魅力吸引着我，激发出了我的探索热情。

● **由钻石引来的思考**

我知道很多女生对闪闪发光的大钻石是毫无抵抗力的。记得一堂化学竞赛课，老师抬起手，她手上是一枚闪闪发光的大钻戒，她跟我们说，这不是天然钻石，而是一枚人工合成的钻石。我仔细观察这颗钻石的形态，它闪耀着光芒，在阳光下显得通体透亮，但是它的价格比起天

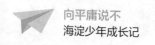

然钻石低很多。当时我在想，能以更低的价格买到品质一样甚至更好的东西，何乐而不为呢？

通过那堂课，我知道了钻石的化学成分主要是碳，这让我联想到了化学成分同样是碳的石墨烯。石墨烯是一种只有一层原子的二维物质，如果把石墨烯一层一层堆叠起来就是石墨，也就是我们平常写字用的铅笔的笔芯。不过，石墨烯的物理性质和化学性质与石墨有着天壤之别。

我们通常会认定整体功能一定大于局部功能之和，但是石墨烯推翻了这样的说法。有科学家认为，石墨烯将来可能会代替硅的存在，成为动力电池的主要材料。更有科学家认为，石墨烯可以引发一场颠覆全球的科学技术革命。

这个时候，化学教会我不要目光短浅，研究一种物质要看到它能在全世界，乃至未来发挥的作用。

## ● 对化学的无限热爱

我很小的时候，参加了一堂化学实验课。课堂上，那些化学试剂让我目不暇接，同学们拿起一个个试管，用很标准的手法振荡。

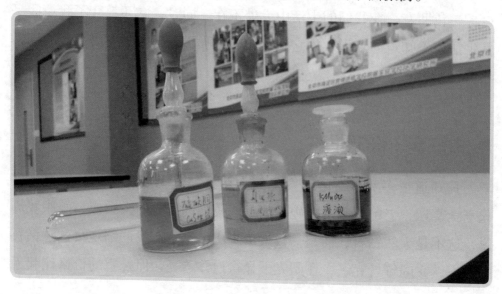

当时，我可能是太激动了，用大拇指和食指捏住试管，还翘起了小拇指，然后我就开始振荡。在振荡中，一部分溶液洒在了我的手上……这件事让我现在想起来还感到后怕，如果那是具有强腐蚀性的溶液，我稚嫩的小手就不知道会变成什么样子了。这件事也教会了我用认真、谨慎的态度去对待化学。

我想，纵使我以后前路迷茫，看不清楚自己前进的方向，只要拥有这样一个实用、可爱又充满生机的化学朋友陪伴在我身边，掌握那样一种探索的精神、踏实严谨的科学态度，又怎怕盼不到春暖花开呢？

我是一个坚定的化学爱好者，我想我会在这条路上一直走下去。

# ❹ 从懵懂无知到深深热爱，化学带给我无限惊喜

◎ 李杰夫（2019年，16岁）

## ● 小时候我便对化学着迷

在很久以前，化学被当作一门巫术来研究，甚至直到三百多年前的欧洲，大家还痴迷于把周边的各种物体变成金子。有一位德国商人叫波兰德，他喜欢从身边各种黄色的物体中炼金。有一天，他上厕所的时候发现自己的尿也是黄的，他就想，为什么不能用尿来炼金呢？于是他开始疯狂地收集尿液，并且把自己所有的积蓄都花费在用尿液炼金上，很显然，他没有成功。但是他却从黄色的尿液中提取出来一种白色的物质——呈蜡状，在空气中会自燃，并发出没有热量的光。这种物质就是白磷，这也是人类第一次发现白磷的过程。

虽然波兰德没有炼出黄金，但是有一点却让我非常好奇，白磷有

毒，人类不会去吃它，那为什么可以从尿液中提炼出白磷呢？

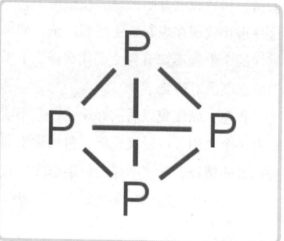

　　这个问题困扰我很久，后来我去问我的爸爸，我的爸爸也不懂，他跟我说："等你将来学了化学就明白了。"我对化学的兴趣就来源于此。

## ● 长大后开始了自己的化学研究

　　长大以后，化学逐渐融入我的生活，举一个例子，很多人喜欢养宠物，而我就喜欢"养"晶体，我"养"的其中一个晶体就是"铋"。

　　铋元素广泛应用于我们所吃的胃药中，而铋的单质像铁和铝一样，都是金属，与铁、铝不同的是，铋元素的结晶可以有丰富的颜色。制作这么好看的一个晶体，过程却不那么轻松。

　　因为铋的熔点是280摄氏度，实验时，需要先把铋熔化，再放到一边冷却，冷却到一定程度的时候，它的下面会先结晶。这时把上面液态的铋倒出去，留在底部的就是铋的晶体了。因为金属熔化以后是不透光的，所以我只能通过经验来判断铋到底有没有凝固。为此，我花费了很多自习课的时间去实验室做这件事情。

夏天在高达几百摄氏度的炉子边肯定是不好受的，不管空调开得多大，我都会热得汗流浃背。而热只是一方面，由于实验的温度比较高，还会存在一些危险。

有一次，我在做铋晶体的时候，把还处在熔解状态的铋倒入一个容器里，但是我忘了容器里还有水（我没提前处理好）……你可以想象一下，炒菜的时候，把还带着水的蔬菜扔到热油锅里的感觉。灼热的金属液体四处飞溅，有几滴飞到了我的胳膊上……那个伤疤在我的胳膊上至今依然清晰可见（在此提醒大家，做实验一定要规范操作，注意安全）。

很多人有收集的爱好，有的人喜欢收集邮票，有的人喜欢收集硬币，与别人不同的是，我喜欢收集元素❶。我目前收集了很多元素，我都可以叫出它们的名字，说出它们的特点。

举几个例子。

铬是最硬的一种金属，莫氏硬度约为9，我们所熟知的金刚石是最硬的天然物质，它的莫氏硬度为10，也就是说，铬的硬度和红宝石的硬度相当，仅次于金刚石，所以铬经常被用来制作玻璃刀的刀头。

右图这个元素叫锇，是密度最大的金属。举一个形象的例子，一袋20斤的大米和不到一个矿泉水瓶大小的锇，提在手上是差不多的一样重的。

锇还有一个特点，它和铱、铂的合金具有非常强的抗腐蚀性，之前人们所用的

---

❶ 有些元素是不能收集的，有些元素收集有一定的危险。一定要在熟悉元素，并且确保安全、合法的情况下收集元素。——编者注

英雄铱金笔的笔尖就是用锇、铱、铂的合金做的。

钨可能是我们见过比较多的一种金属，常用在传统的白炽灯里。钨的熔点是3400摄氏度左右，是熔点最高的一种金属，只有这样的材料才能扛住长时间的发热、发光。

钨还有一个特点，它的密度和金特别接近。据说，古时候有人在金锭中掺了钨，由于掺了钨之后，金锭的重量是没有变化的，甚至很难被检测出来。

介绍一个我最喜欢的元素，它叫作铯。学过化学的都知道，铯是最活泼的一种金属[1]，我把它封在一个真空的安瓿瓶里。我喜欢铯的原因有二：第一，它跟金子一个颜色，我喜欢它闪闪发光的样子；第二，它熔化了以后，我可以边写作业边等它慢慢结晶，看着树杈状的晶体慢慢地向周围生长，我觉得整个人都沉浸在化学世界中，这也可以让我更加投入地学习。

液态时的铯

结晶后的铯

---

[1] 金属铯属于危险化学品，易燃，使用时要千万小心。——编者注

在欣赏很多元素的时候，都要特别注意，举几个尴尬的例子。

右图中的元素叫碲，碲比较特殊，如果把它放在手里，时间久了，它会通过皮肤被吸收进人体内，人就会出现一种轻微的碲中毒现象。如果你出现了碲中毒的情况，浑身会散发出一种你闻不见，但是别人闻得非常清楚的大蒜臭味。

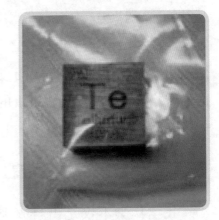

铑是最贵的金属，一克约为1600元。假如你收藏铑的时候，一不小心损失了一克，那真的是太心疼了。

除了这些爱好，我还喜欢做实验，学校实验室的老师因为我的出现总会忙碌许多，他会帮我从实验室各个角落找出来各种各样的器材和药品。

右边这张图片是我在提取咖啡因的时候拍摄的，从10克的普洱茶中提取出来不到1克的咖啡因。我当时看着这一袋针状的晶体，突然有一点好奇，它真的像书上所说的那样，既有苦味，又让人兴奋吗？

我偷偷尝了一口（建议大家不要模仿），结果科比说自己看过凌晨四点的洛杉矶，因为早起训练，而我见到了凌晨四点的北京，因为真的没睡着。

右图这个实验是有一次我为了合成某种物质，但是这种物质在水中很不稳定，所以我使出撒手锏——乙醚❶。虽然最后实验成功了，但是由于吸入过多的乙醚，我一下午都昏昏沉沉的。

## ● 利用化学解决生活难题

我学化学不仅是出自兴趣，也希望能做一些对人类有用的事，于是我于2020年暑假前往中国科学院南京地理与湖泊研究所进行了一次简单的探索。

相信大家对西湖藻华爆发事件有所印象，我这次的研究题目就是解决这样的问题。水华主要是因为水体中磷元素和氮元素的过量排放引起的，我主要的研究方向是让磷减少。

我们之前所用的方法，是把泥从湖里挖出来，这样不仅劳民，还伤财，有没有什么办法让它轻松一点呢？我想，如果让磷稳固在泥里，不让它排放出来，不就万事大吉了吗？

于是我想到了自来水厂，自来水厂在给各家各户供水之前，需要让水中的杂质沉淀，这个时候就要加入絮凝剂。

絮凝剂中含有大量的铁元素和铝元素，这两种元素正好是结合磷的良方。于是我们从自来水厂要回来废弃泥，往里面加入一点镧元素进行改性，这样我们就成功得到了一种具有良好吸附能力的泥了。

---

❶ 乙醚：通常在实验室中用作溶剂，医学上曾被用作全身麻醉剂。乙醚在使用过程中具有易燃性和挥发性的特点，使用时应采取安全措施，避免其接触明火和高温环境，并确保充分通风。错误的操作是非常危险的，请大家一定不要模仿。——编者注

经过四天的实验，我们证实这个方法是可行的。虽然只有短短的四天时间，但是这让我明白了，化学不仅仅可以用来玩，还可以做有用的事。

化学现在已经成为我生活中不可或缺的一部分，我连去超市买东西，也会看看牙膏或者洗头水的成分。

化学不单单是枯燥无味的方程式，更多的是可以应用到我们生活中的方方面面，我享受化学的乐趣，也希望更多的人体会化学的美好。

## ⑤ 我的发明小史

◎ 宋睿轩（2023年，16岁）

在我一、二年级的时候，我就很喜欢做简易的科技拼装，比如做一些小电风扇、小电灯，估计很多人都有过相似的经历。

小学的一个暑假我回到江苏老家。有一天，天气非常热，刚好那天家里还停电了，没了空调，家里又闷又热，把我热得够呛。我当时就想拿之前做过的小电风扇出来解解暑，可是没有电池，没有办法让这个电风扇工作。后来我找到以前做过的一个太阳能电灯，把上面的太阳能板拆下来，和这个风扇装在一块儿，一个太阳能风扇就诞生了。这个电风扇虽然很小，但是风力却不小，我甚至觉得它比家里的大电扇吹得更舒服。

虽然这只是一个小小的发明，可以说是微不足道的，但是它却第一次让我体会到了用科学发明解决生活中问题的乐趣。

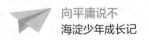
## ● 制作智能小药箱

有一天，我发现爷爷每天都要吃好多好多的药，不光种类多，每种药每次吃的数量还不同，而且还要在不同的时间吃。我感觉记这些比我背那些古诗还要难，爷爷也表示他确实在这方面有很大的困扰，经常记错时间。我就想怎么才能帮帮他。

我当时才五年级，大部分时间都在学校，不可能每天打电话提醒爷爷吃药。所以我就想，能不能做一个智能小药箱，在爷爷需要吃药的时间直接提醒他，然后把正确数量的药直接输送出来，这样爷爷就不用再记这些东西了。

有了这个想法后，我就赶紧查询相关的资料，初步学会了一些Python知识，做了一个类似闹钟的程序。但是这时候问题出现了——怎么让这个药箱输送出正确数量的药呢？因为我的药箱体积很小，不能用市面上已有的大型分药装置。如果不用分药装置的话，一开药箱门，药不全掉下来了吗？这样就没有办法控制吃药的数量了。

后来我看到了一个水车的视频，我想能不能把药放在水车的一个小孔里，然后让这个水车转动，把药一颗颗转下来，这样不就实现分药功能了吗？

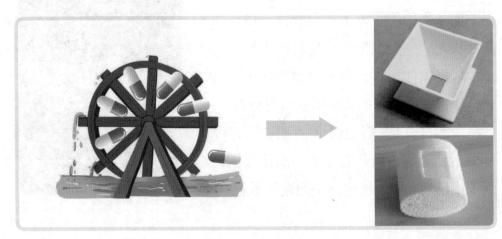

为了实现这个想法，我用设计软件做了一个模型图，然后用3D打印机打印了如上图右侧这样两个分药的装置，一个漏斗和一个转轮。大家可以看到，这个转轮是带孔的，漏斗的作用就是让药准确地掉入转轮的孔里。这个孔每次容纳一颗药，需要几颗药就让转轮转几圈。

我把这几组分药器装到药箱上，到吃药的时间，这个药箱会自动报警，爷爷摁下药箱上的一个按钮，药箱就会自动出药。爷爷使用了几周之后跟我说，这个药箱效果确实挺好。后来他在外面跟别的老人聊天的时候也经常会提起我做的药箱，说它确实解决了他生活中很大的问题。我看到爷爷幸福的样子，自己心里别提有多高兴了。

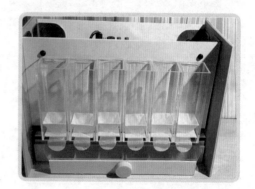

## ● 设计移动机器人

后来到了高中，有一天我听说好朋友的姥爷半夜突发心脏病，好在家人及时发现，将他送到医院，这才避免了严重的后果。这使我想到了那些独居老人，曾经有报道，有些独居老人因为突发心脏病，没能被及时发现送医，造成了很不幸的后果。还有的独居老人，在家中摔倒，因为不能被及时发现送医，身体和精神受到了很大的伤害。我就想，我能不能做些什么，以解决这个问题。

要解决这个问题，首先要让监护人能及时发现老人的异常情况，这就需要一个合适的传感器。我调查了一下，现在常用的是佩戴式的生命体征监护仪（用来监测佩戴者的心率、呼吸等参数）。但是有两个问题，一是，很多仪器只能监测有限的几个参数，不能检测到人摔倒这样的行为；二是，很多老人认为自己能在家中一个人生活，就说明自己没有严重的疾病，为什么要一直戴这玩意儿？而且长期佩戴它会令老人觉得厌烦。所以我决定重点研究无接触式的传感器。

部分无接触式传感器功能对比表

| 传感器类型 | 可见光摄像头 | 红外线传感器 | 超声波传感器 | 激光雷达 | 毫米波雷达 |
|---|---|---|---|---|---|
| 检测能力 | 存在，运动，精细动作 | 存在，运动 | 运动 | 存在，运动，精细动作 | 存在，运动，精细动作 |
| 检测范围 | 较大 | 较小 | 较大 | 极大 | 较大 |
| 检测精度 | 较高 | 中等 | 较低 | 较高 | 较低 |
| 成像能力 | 好 | 差 | 差 | 好 | 差 |
| 数据处理要求 | 数据量大，处理算法复杂 | 数据量小，处理算法简单 | 数据量小，处理算法中等 | 数据量大，处理算法复杂 | 数据量中等，处理算法中等 |
| 隐私保护能力 | 差 | 好 | 好 | 差 | 好 |

现在很多医院和养老院都在用的是监控摄像头，但是很多老人非常注重隐私，他们不愿意被人注视着生活。红外传感器和超声波传感器这两种传感器对人的监测能力比较弱，也不适用。激光雷达虽说对人的监测能力很强，但是它价格比较高，一般运用于自动驾驶等领域。

后来我关注到毫米波雷达。毫米波雷达有一个很强大的功能。大家可以想象老人摔倒这个场景，普通传感器只能在老人摔倒一瞬间检测到老人的存在，但是如果老人摔倒之后躺在地上不动，它只会将不动的老人判断为一个物体，并不能发现这是一个人。

而毫米波雷达可以通过人呼吸时候胸廓微小的起伏来判断到人的存在，这就是很符合我设计需求的一点。我制作了毫米波雷达模块。初期测试，我发现它的数据并不是很稳定，有一些误差，这就有误报的风险。如果误报率高，会让用户对设备的可靠性产生怀疑。因此，我需要解决如何去验证报警是

**本文作者制作的毫米波雷达模块**

否为误报的问题。这个问题困扰了我很久，直到我在一个科技展会上看到一个养老机器人。这个机器人可以与人互动。我想是不是能制作一个机器人，当毫米波雷达检测到老人有异常情况时，让机器人移动过去进行验证，其他时间，机器人还可以为老人提供养老方面的帮助。于是，我购买了一个机器人底盘，制作了一个移动机器人。

整个系统的运作过程是这样的。当毫米波雷达检测到异常情况时，会立即通知机器人，机器人就会移动到目标物附近，进行初步的误报判断。通过什么形式呢？就是进行一个语音询问。如果在规定时间内无人应答，机器人就会判断这是一个真实发生的异常情况——也就是老人摔倒了，并可能失去意识。

我又编写了一个网页，让外部的监护人可以远程控制这个机器人的移动，还能通过中间的视频区域查看屋内的情况。

## ● 发明背后的苦与乐

虽然说起来很简单，但其实整个编程过程是非常困难的。以最主要的毫米波雷达数据分析程序的编写为例，可参考资料非常少，我得自己一步步琢磨。

而且毫米波雷达的数据量是非常大的，一个毫米波雷达每秒传送大概40多条数据，每个数据还包括4个内容，一个毫米波雷达3小时左右传送的数据大概包括360个文件，每个文件有1000行数据。

这么多文件、这么大的数据量，让我手足无措，我不知道该怎么去处理它们，更别说去分析它们了。我甚至觉得我的项目会不会就烂尾在这里了。但是我不甘心，我一步步去学习、一步步去探索。经过三四天的奋战，我终于编写出来了这个300多行的代码。

我非常激动，满怀期待地去运行它，结果报错了，这让我刚完成编程的成就感全部烟消云散。我只好开始调试，但调试的过程更折磨人。因为电脑只会反馈给我一个大概的错误位置和错误原因，不会告诉我具体是哪个字母、哪个字符出了什么错。

打一个比方，比如我在程序里多打了一个点，电脑反馈给我的只是在哪一行出现了无法编译的程序，或者无法识别的语句这样的错误类型，它不会告诉我是这个点导致的无法识别，我还得自己去找。因为我编程经验不足，所以在这种事情上走了很多弯路，花费了很多的时间和精力。

下面这四张图是我将毫米波雷达数据可视化以后形成的图表，它可以方便我直接把数据放到AI图像识别模型里进行数据分析，这是我大概调试了三四天的成果。

我非常清楚地记得，有几个晚上我没有调试完就被父母要求去睡觉，那真的是辗转反侧。我怎么也睡不着，一直想着这个程序。而图片完整无误地生成出来后，我当晚的睡眠格外香甜。

这个过程在我编程中重复了很多很多遍，我的心情也是大起大落。当程序最终完成，我假装摔倒后，我的机器人缓缓移动过来，询问我是

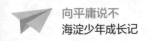
否需要帮助的时候，我猛地坐起来抱住我的机器人，激动得不知道说什么好。

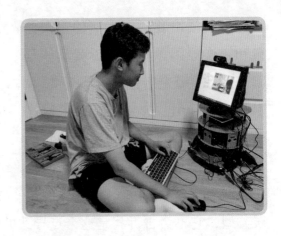

做发明不仅给我的生活中带来了很多乐趣，也丰富了我的生活体验。我从发现问题到解决问题，虽然过程充满了艰辛和曲折，但是我的发明真正发挥作用的一刹那，我觉得一切都是值得的。

我也希望大家都可以动起手来，一起体会用科技发明改变生活的乐趣。

# ❻ 我和我的晶体宠物

◎ 席英恺（2022年，17岁）

## ● 奇妙又强大的化学反应

从小，我就特别喜爱化学，经常拿着元素周期表背诵和抄写，以至于我不仅可以横着背，还可以竖着背。

同时，为了获得更多的化学知识，我也在网上购买了许多化学书籍，如《实验室的魔法日常》《疯狂科学》等等，有些书我还会一刷、二刷，反复看好多遍。同时，我也喜欢在网上观看其他人做的化学实验小视频，哔哩哔哩（B站）上的H2元素实验室和真·凤舞九天，都是我经常追的号。

渐渐地,我不满足于看别人怎么做实验,也想自己来尝试进行实验了。举个例子,看过刑侦片的人可能都听说过鲁米诺反应,这个反应可以用来检测现场被擦除的血迹。这个反应为什么可以检测血迹呢?我和小伙伴共同拍摄了一段视频。

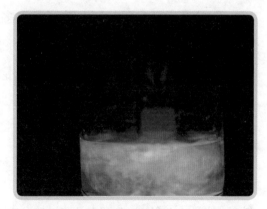

鲁米诺反应

我将鲁米诺和其他溶液混合,并加入一种特殊的氧化剂——过氧化氢。实验的第一阶段混合液会出现红色的光芒,这是过氧化氢与溶液中的甲醛与邻苯三酚发生反应时所放出的光芒;接着的第二阶段混合溶液会出现蓝色的光芒,并发生暴沸。这蓝色光芒便是鲁米诺被氧化产生的标志性光芒。

为什么这个反应能用来鉴定被擦除的血迹呢?因为血迹中含有铁元素,而铁元素恰好能催化鲁米诺和过氧化氢的反应。据说这个反应非常灵敏,可以检测到被稀释到1/1000000的血液。鲁米诺反应看起来十分简单,却十分有用。

同时,我也在不断探索、尝试与创新。以溴为主要元素的振荡反应,在化学上我们叫它溴的BZ振荡。在拍摄过程中,我发现在实验条件几乎完全相同的条件下,有时候能出现振荡现象,有时却会出现同心圆。为什么会产生这样的结果呢?

培养皿中的同心圆和振荡反应

我查阅了很多资料，也重复了很多次实验，最后发现这可能和溶液是否混合均匀有关系。在直接加入指示剂、不混合均匀的情况下，溶液更容易出现振荡反应；而在加入指示剂并混合均匀之后，则容易出现同心圆。

## ● 百变的"晶体宠物"

我并不局限于拍摄视频，也喜欢"养"各种晶体。右侧这张照片是我在参观博物馆时拍摄的石英水晶。除了观测以外，石英水晶还能制作电路板上的晶振，晶振则可以用来制作时钟。

渐渐地，我不再满足于看博物馆中的各种晶体，于是我开始自己收集一些晶体。下图中这3个就是我在路边捡到的矿石晶体，左侧是方铅矿的矿石，中间是石英云母和蓝晶石的混合晶体，右侧的则是闪锌矿的矿石。大家不难发现，这3种晶体都与理想的晶体相去甚远。

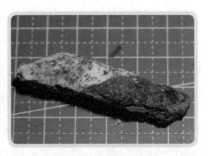

那么，有什么办法能够获得理想的晶体呢？随着化学学习的深入，我发现利用一些特殊的物质和方法，便能在化学实验室里制作出美轮美奂的矿石晶体。

我第一个尝试的便是银单质的晶体。不同于大部分晶体所采用的加热冷却结晶法，制作银单质的晶体我采用了一种比较特殊的方法——电解。我用硫酸银与氨水配成银氨溶液，并采用铂片和钛丝来进行电解。

非常幸运，我第一次就得到了银单质的晶体。

硫酸银                  银单质晶体

既然银单质的晶体都可以得到，那我们是不是也可以尝试制作金单质的晶体呢？

于是，我购买了一种比较昂贵的材料：氯金酸。我将它溶解在稀的氢氧化钠溶液中，并再一次采用电解法进行了制作。令人泄气的是，这一次并没有得到金黄色的金单质，而是得到了大量的棕色纳米金。怎么办呢？这么贵的材料也不能浪费，于是，我又用王水把它溶解成氯金酸，并用高中学到的银镜反应，用类似的方法在玻璃器皿表面镀成了一层金镜。

本文作者制成的金镜

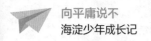
同时，我也采用电解法制作了铜单质的晶体。不过，单质的晶体在我看来也并不是那么美丽，于是我又开始尝试制作化合物的晶体。

下图这3种晶体，就是我采用加热冷却结晶法制作成的硫酸铜晶体（左）、溴酸钾晶体（中）和硝酸钾晶体（右）。大家有没有想过，为什么这几种晶体的形状和颜色都不太相同呢？随着高中化学的学习，我终于利用结构化学的知识尝试解释了这一现象。原来，这3种晶体的结构与外形，都与其中原子的排列方式有较大的关系。在化学上，原子的排列方式叫作晶系。

例如下图左侧的五水合硫酸铜的晶体，就属于正交晶系；中间的硝酸钾的晶体，则属于六方晶系；而右侧这种比较特殊的八面体形状的晶体，十二水合硫酸铬钾的晶体，则属于立方晶系。这几种晶系都在化学上有着比较典型的分类。

在制作硫酸铬钾晶体时，我也发现了一个比较有趣的现象：有时候，我能得到下图左侧那样比较完整的大个儿晶体，有时却只能得到右侧那样大量的碎晶。是什么导致了实验的失败呢？

硫酸铬钾晶体

硫酸铬钾碎晶

我利用4K相机在较近距离下观察了硫酸铜的结晶过程。在观察过程中我发现，在带有灰尘和有较大扰动的情况下，晶体更容易以晶簇的方式析出，得不到比较大个儿的单质晶体；而在没有扰动且灰尘较少的情况下，就容易形成小个的单晶，最终得到大个的单质晶体。

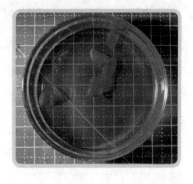

于是，结论就很明显了：想得到比较好的单晶，就必须保证溶液没有扰动。

## ● 生活中的化学妙用

当然了，我也希望能通过学习化学，做出一些对生活有所帮助的事情。于是，我在高一上学期参加了英才计划，有幸去中国科学院过程工程研究所，进行了为期一年的探究与学习。

大家都知道，染料废水如果不加以处理就直接排放，会对环境造成不小的污染。我就以"如何高效处理染料废水"为课题，对模拟的染料废水——甲基橙溶液进行降解处理，使其对环境无害。

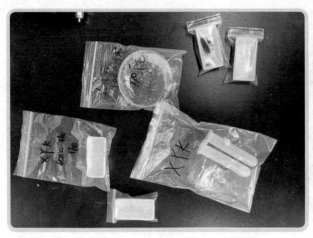 

但是，我在测试的过程中发现了一个问题：在基本条件不变的情况下，有时分解效率能达到70%以上，而有时分解效率却只有不到1%。我采用了不同的分解材料和催化剂，都是这个结果。我被这个问题困扰了两三个月。当时我真的快要崩溃了，为什么别人制作的催化材料重复性就那么好，而我的重复性就这么差呢？这时，我的师姐提到，实验时的室温不同，有可能就是十几度的温差导致了这样的结果。

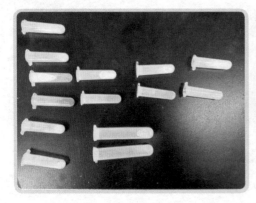 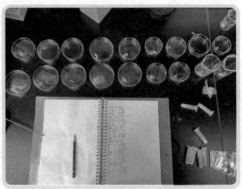

于是，我在导师和师姐的帮助下，对实验装置进行了改进，做到了实验时的恒温、恒湿。在这样的装置加持下，我的催化效率就大幅度提高了。下图右侧离心管中的深色的溶液是初始浓度的甲基橙溶液，而离心管中浅色的溶液则是分解后的甲基橙溶液。

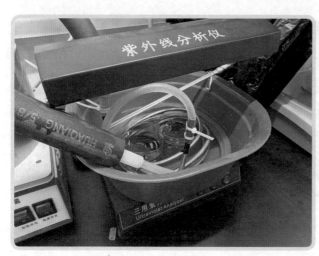

之后，我又利用下图的仪器[FTIR（红外光谱）分析（左）XRD（X射线衍射）分析（右）]对二氧化钛进行了物理和化学性质的分析，探究形成这个结果的原因，并提出了自己的见解，最终发表了一篇论文，完成了一次比较完整的科学探究过程。通过这次探究我发现，原来化学实验的设计与提高是这么复杂。但是这个不断探索、探究、解决问题的过程就像打怪升级一样，非常让人上瘾。

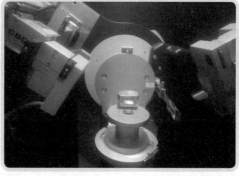

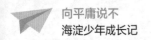
最后，我想用这句话来勉励自己和在化学探索过程中遇到困难的同学们：有了极高的温度、巨大的压强、合适的催化剂，即使是最普通的石墨，也会变成最坚硬的金刚石。在化学探究与探索的路上，我将一直走下去。

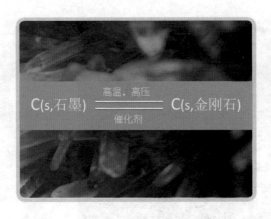

$$C(s,石墨) \xrightarrow[催化剂]{高温、高压} C(s,金刚石)$$

# ⑦ 人与人工智能

◎ 庄肃涵（2022年，15岁）

前不久我写了一个程序，让小车可以沿着地面上的黑线自动前进。这个程序的原理是：在小车的下方有5个颜色传感器，它们可以感知小车偏离黑线的程度；将这个数字与0.1秒前做对比，进而得出小车在这0.1秒之内的运动趋势；接下来再由程序将它换算成马达功率，就可以对小车做出校正。

这个程序非常简单，但是很有意思。小车不会呆板地前进、停下，再转个弯，而是像有了自己的思想一样，知道自己要去哪里，应该怎么走。于是我产生了进一步的思考：如果在其中加入更多的传感器，加入更多的马达，再写一个更加完美的程序，那可不可以说我创造了一个"人"呢？

大家看看下图这两段聊天记录。其中一段展示的是人与现在常见的聊天机器人的对话，另外一段则是两个真人之间的对话。大家觉得哪一段是和机器人的聊天记录呢？相信大多数人都看出来了，左边是和聊天机器人之间的对话。

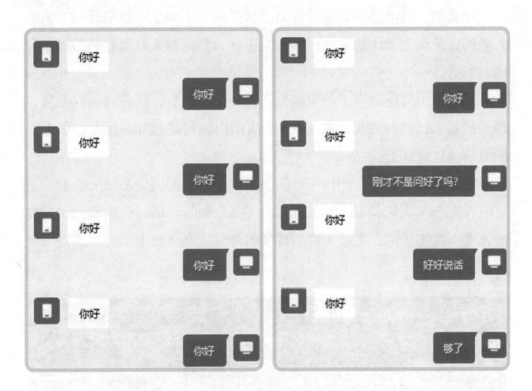

其实，无论是循线小车程序还是聊天机器人，"人工智能"这个名字可能都不太合适，毕竟连3岁小孩都不如的智商，貌似更加适合"人工智障"这个名字，它们怎么能和人相比呢？

## ● 图灵测试被攻克了吗？

事实上，将机器的智能和人类智能做对比，一直以来就是一个非常有意思的游戏，它的名字叫作"图灵测试"。

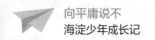

图灵测试最开始源于这样一个游戏：一男一女身处一个房间里，在房间外有一个裁判。裁判可以跟房间里的人对话，他的任务是通过谈话的内容判断出屋内的两个人谁是男、谁是女。而男性的任务则是模仿女性回答问题，让裁判做出错误的判断。

1950年，英国科学家图灵提出了这样的一个问题：如果让一个机器人来代替游戏中男性的角色，那会发生什么？机器人取得胜利的概率会比人类更高吗？

同时，图灵还做出了一项预测：在2000年之后，随着科技的发展，聊天机器人已经能够做到在5分钟的谈话内骗过超过30%的人。那么，图灵的预言成真了吗？

答案是肯定的。在2014年英国皇家学会举办的图灵测试大会上，一个叫作尤金·古斯特曼的聊天机器人在5分钟的谈话时长内骗过了33%的评委。换句话说，尤金·古斯特曼也许是人类历史上第一个通过图灵测试的程序。

> **问：哪个更大，一个鞋盒还是珠穆朗玛峰？**
> 　　答：我现在不能做决定。我以后再想吧。我忘了问你从哪里来……
>
> **问：骆驼有几条腿？**
> 　　答：2到4之间。也许是3?:-)))顺便说一下，我还是不知道你的专业，或者，我可能漏掉了？
>
> **问：马陆有多少条腿？**
> 　　答：只有2个，但切尔诺贝利的变种人可能有5个。我知道你是想骗我。
>
> **问：不，我需要知道你不是一个聊天机器人。请直接回答这个问题：蚂蚁有多少条腿？**
> 　　答：2到4之间。也许是3?:-)))哦，多么有意思的对话！

这是当时的聊天记录，大家可以看一下。相信大家看完之后觉得，传说中的超级聊天机器人可能也没有那么智能嘛！确实，很多人对当时测验的结果并不认可。他们认为尤金所做的只不过是在5分钟内骗过更多的人，况且它的创造者还把尤金包装成了一个年龄是13岁、母语非英语的乌克兰小男孩，以规避在对话过程当中出现的语法错误。

他们想，如果增加图灵测试的难度，比如增加一些语句理解、新闻评论这样的主观题目，那么尤金也将回到"人工智障"的状态。

其实说到这里，可能很多人会认为所谓的图灵测试就是让一个程序和人对话，看人能不能区分出来。但事实上，图灵的本意是研究人工智能能否在智力行为上和人表现得不可区分。换句话说，我们还可以用其他更有意思的方式进行测试。

比如说，我们可以和机器人玩游戏。如果机器人玩游戏的表现和人一样，甚至超过了人类，那么我们也可以说它通过了图灵测试，不是吗？

在1959年，一位IBM程序员阿瑟·萨米尔研发了一款"西洋跳棋"程序，并且一举击败了当时全美最强的西洋跳棋大师。要知道，当时萨米尔所使用的计算机内存仅仅只有可怜的32K，这个内存还不及各位手中智能手机的十万分之一。萨米尔是如何做到的？答案是他使用了机器学习。西洋跳棋程序可以不断地和自己对弈，从中吸取经验，使自己越变越强。而萨米尔本人也成了机器学习这一概念的创始者。

很多人继续发问，那我们加强内存，加强算力，人工智能不就可以很快赶超人类了吗？在1997年，为人们熟知的人工智能"深蓝"横空出世，并且一举击败了当时的国际象棋大师卡斯帕罗夫。

而20年后，一个更加强大的人工智能"AlphaGo"诞生了。2016年，围棋程序AlphaGo击败了李世石，在次年又战胜了世界排名第一的柯洁。要知道，在这之前，围棋这项极其复杂的棋类运动，长期地被认为不可能被人工智能攻破。

AlphaGo究竟用了什么样的"黑科技"完成了这一点呢？答案是深度强化学习。深度强化学习算法使得AlphaGo在对弈的时候能仔细地分析每一次对弈，找到究竟是哪一步使得自己进一步走向了成功。

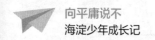
## ● 走向通用人工智能之路

得益于深度强化学习算法，人脸识别、语音识别等新兴的技术融入了我们的生活，可以说，我们正处于一场人工智能的大变革当中。

但是大家有没有发现，刚才我所讲到的人工智能都有一个通病，那就是它们只能在某一方面赶超人类。比如让围棋大师"AlphaGo"来到这里给大家讲一堂课，我相信它做不到；让国际象棋大师"深蓝"到食堂给大家炒一盘菜，它也炒不出来。

我们称这种人工智能为"专用人工智能"或者"弱人工智能"，但是我们真正的目标并不是这样，我们要做出一款在任何方面都能通过图灵测试的"强人工智能"，或者说"通用人工智能"。

如何做到这一点呢？幸运的是我们有一个很好的例子，也就是我们的大脑。它是一个经历了几十亿年的演化，拥有着低功耗、高智能的"机器"。人脑中有超过800亿个神经元，按照极其复杂的方式构成了神经网络，进行信息交互。而它的复杂程度超过了人类历史上任何一个程序。可以说，如果想单凭人类的力量制造出一个人工大脑，仅仅是对人脑的解构就需要极强的算力，这恐怕需要得到量子计算机的加持。

不过，即便我们真的拥有了量子计算机，制造出了人工大脑，它也只是一项程序。它没有身体，无法对我们的世界产生作用。它也无法理解我们的世界，没有常识。它能理解什么是怦然心动吗？它能理解什么是汗流浃背吗？它也许还无法理解一个活生生的人是什么概念，它眼中的世界只不过是一堆数据的集合罢了。

## ● 通用人工智能会取代人类吗？

那假设强人工智能时代真的来临，人类会被人工智能所取代吗？

我的想法是这样的，如果我是强人工智能，那么我会在人类问出这个问题之前先反问一个问题：像我这样比你们高端得多的"生物"，不更符合"人"这样的定义吗？

这也是为什么很多影视桥段中都会出现人被人工智能所统治的画面。比如《黑客帝国》电影中，人类被机器囚禁在营养箱里，它们将人的意识上传到由人工智能搭建的程序当中，人类沦为了机器的电池却全然不知。

不过大家也不必这么悲观。近些年来，所谓的智能穿戴设备慢慢地融入了我们的生活，甚至还有人把手机评价为当代人类的新器官。所以我们很容易想象，如果未来强人工智能真的诞生了，它也有可能像火车、飞机作为人类运动的拓展一样，通过脑机接口与人产生接驳，进而成为人类智力的拓展。那个时候，人工智能必将和人有很好的融合。

事实上，到目前为止，大多数人都认为人工智能无法取代人类，归根结底是因为我们始终在思考：我是谁？我们的意识从何而来？什么是智能？我们这才成了我们。

如果有一天，人工智能真的100%通过了图灵测试，它们也学会追问我是谁？我从哪里来？将要到哪里去？那么我们称它是新人类又何妨呢。地球的生命只不过是从碳基走向了硅基，这也是一次生命的进化，只不过不同于46亿年来的任何一次。我相信这一天很有可能就在我人生的某一天发生，而我并不畏惧这一天的到来。

## ⑧ 我与数学的不解之缘

◎ 温浩然（2023年，16岁）

说起数学，相信很多人都会用"难""无趣""太深奥"这样的词来形容它。可是我却很喜欢数学，因为它总是能给我带来很多的乐趣。

我在幼儿园的时候就已经开始接触一些与数学相关的游戏了。其他的小朋友在户外追跑打闹的时候，我会一个人将树枝拼成各种各样的图形，将石块拆分成不同的数量组合。这样的游戏玩得多了，一些简单的数字加减法我就能很快答出来。父母也很惊讶，明明他们也没有特意教过我。

小学一年级第一节数学课上，老师因为我答题又快又好表扬了我，并问我是怎样学习的，我骄傲地告诉老师："是小石块和小树枝教的我。"同学们听完都哈哈大笑，不知道树枝、石块和数学有什么关系。但是我自己却很得意，觉得数学很简单。

## ● 生活中处处有数学

但当我真正开始学习数学，我发现学习数学和玩树枝和石子是不一样的。数学更抽象了，有好多的定义和定理，我不清楚它们都是从哪来的。

举一个简单的例子，三角形的两边之和大于第三边。它真的是这样吗？有没有可能画出一个打破这样定义的三角形呢？

于是我拿出草稿纸在上面画出了好多的三角形，每一个我都测量了一遍。到最后我不得不承认这个公式是对的。这个过程不仅让我对这个公式有更加深刻的了解，也让我变得有点走火入魔了。

走路遇到拐角的时候，我总是不爱走拐角，就喜欢走拐角的连线，因为三角形两边之和大于第三边。

说起三角形，还有一件让我印象深刻的事情。那时候学校要求我们制作小型木桌子，第一次我用木板制作了一个长方形的桌子，但是我发现这样特别不稳固，一推直晃。

后来，我想到三角形具有稳定性，就在桌子的两个侧面各构造了两条对角线，侧面形成了三角形支撑的结构，从而增加了桌子的稳定性。做完这一切我特别开心，原来学好数学真的能应用到生活当中。

有了这次经历，我发现生活中处处都有数学的痕迹。

比如井盖为什么要做成圆形呢？因为只有圆形的井盖找不到对角线，且各个角度圆形的直径都相等；无论怎样移动井盖，它都不会掉下去，井盖的安全性大大增加了。

如果把井盖做成三角形或者正方形，不仅井盖容易掉下去，还不好运输，因为在运输的过程中，角很容易被磕碰坏。

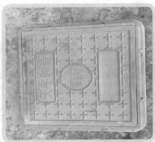

## ● 用数学的方式思考

我记得有一段时间，妈妈特别爱买彩票。但是她买了很多很多次，也就只能中几块钱。爸爸经常劝她别买了，说中一等奖就像天上掉馅饼一样，基本没戏。我就很好奇，彩票的中奖率到底是多少呢？

以双色球为例。双色球由33个红球和16个蓝球组成，每次开奖会开出6个红球和1个蓝球。要想中一等奖，就必须满足6个红球和1个蓝球全部与中奖号码吻合。我计算了一下，这个概率大约为0.0000056%，非常小。中5块钱的概率只有不到6%的可能。

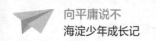

我用一个生动的例子给妈妈解释这个数字，我说："您要中一等奖，就好比在北京熙熙攘攘的大街上随便拍一个人的肩膀，发现那个人就是我爸爸。"妈妈听了以后笑个不停，从那以后，她减少了买彩票的次数，少花了一大笔冤枉钱。那时候我真觉得数学是个好东西，也是个省钱的工具。

说起数学在生活中的应用，我还有一个例子。有一次我偶然发现一个同学身份证号码的最后一位竟然是一个大写的X。我就很好奇，这究竟有什么意义呢？我赶紧上网查阅了资料，发现这其实不是英文字母X，而是罗马字母10。

这个字母非常重要，在我们身份证当中扮演着校验码的角色。比如我们考试登录时经常要输入身份证号码，如果输错了系统会直接报错，就是因为有这个校验码。那么，校验码究竟是怎么工作的呢？

## 弃十一法

$$1 \times 5 + 1 \times 4 + 2 \times 3 + 0 \times 1 + 4 \times 2 + 4 \times 3 + 1 \times 2 + 6 \times 1 + 5 \times 2 + 4 \times 1 + 1 \times 3 + 2 \times 2 + 2 \times 1 + 0 \times 4 + 2 \times 3 + 4 \times 1 + 3 \times 2 = 82$$

$$82 \div 11 = 7 \cdots\cdots 5$$

原来它来源于一种很古老的数学算法，叫作"弃十一法"。这个方法非常简单，只需要把身份证号码的前17位数字每一位分别乘以一个不同的系数然后相加，得到的总数再除以11，就会得到一个余数。这个余数就有可能是从0到10当中的任意一个数，再把不同的余数分别对应不同的校验码。这种巧妙的方式保证了身份证信息输入的正确性。

前几天学校组织我们去故宫春游。走到宏伟的太和殿前时老师说道："这个建筑体现了中国人天圆地方的建筑理念。"我就很想知道这个理念会和数学有关系吗？

原来故宫古建筑的造型、纹饰以及截面的形状基本与$\sqrt{2}$有关。比如太和殿的主殿高度$a$约为26.1米，它的屋檐高度$b$约为18.54米，它俩的比例就约等于$\sqrt{2}$。而屋檐的高度与屋檐下的高度$c$之比也约为$\sqrt{2}$。

$\sqrt{2}$究竟有什么意义呢？后来我发现，$\sqrt{2}$就是天圆地方概念里方圆比例的最直接的体现。原来中国古人还有这么多关于数学的有趣智慧。

## ● 被数学选中的人

我曾经看过一个纪录片《被数学选中的人》，里面提到了瑞士数学家欧拉。这个名字，如果你感觉有点陌生，那么看到这些数学符号，如$f(x)$、$\Sigma$、$i$、$e$……大家还陌生吗？

欧拉是18世纪数学界最杰出的人物之一，几乎每一个数学领域都可以看到欧拉的名字——初等几何的欧拉线、多面体的欧拉定理、立体解析几何的欧拉变换公式、数论的欧拉函数、变分法的欧拉方程、复变函

数的欧拉公式……欧拉还创造了一批数学符号，使得数学更容易表述、推广。并且，欧拉把数学应用到数学以外的很多领域。但就是这样一位伟大的数学家，他在31岁的时候右眼失明了，在59岁的时候双眼都失明了。即使是这样，他也从未放弃数学研究，直至生命前的最后一刻。我想，他对数学一定是发自内心的热爱，才能让他在那么困难的环境下，创造出那么多伟大的数学思想。

我想作为一个身体健康，拥有良好学习环境的年轻人，如果我也有一颗像欧拉一样热爱数学的心，那么或许我也可以成为一个被数学选中的人。

数学之美是天然而又纯净的，引领着我们每一个人，让我们在这宇宙中散发出自己的点点星光。

# ⑨ 从好奇昆虫，到热爱生物

◎杜雨明（2019年，16岁）

## ● 因为玩对昆虫产生了浓厚兴趣

作为一名男生，我小时候非常活跃，最喜欢的事情就是在楼下的花园里玩，玩的对象从一开始的草、泥土、石子，到后来的昆虫。

我童年时期的主要"研究"的对象是斑衣蜡蝉。它一龄若虫时体形非常小，难以捕捉。经历两次蜕皮后，大概在每年5月份的时候，它的体形变大了，而且体色鲜红。当然，这么艳丽的体色是为了恐吓天敌，可吓不住我。儿时不懂事的我经常捉上几只，将它们摆在一条线上，比谁跳得更远……

玩虫子久了，我就发现了一些有趣的现象，比如不同昆虫的口器类型是不一样的。

斑衣蜡蝉成虫的口器像一根长而软的针管。苍蝇的口器像一个圆盘，这利于苍蝇吸取液体食物，圆盘的学名叫唇瓣，其下方还有一圈齿状结构，便于苍蝇抓取固体颗粒类食物。蚕蛾在演化为成虫之后，口器就基本退化了，不再具有取食的能力，而完成交配任务后，它会很快死去……基于昆虫有这么多的口器类型，我总结出了一个规律——取食不同食物种类的昆虫，口器类型也不一样。这就是我对于生物最初的探索。

## ● 加入观鸟社观察鸟类

随着时间的推移，我不再满足于这种只因好奇产生的观察。初中时，我加入了观鸟社，开始观察鸟类。

初中生进行的观鸟，就是在野外条件下对鸟的鸣声、颜色、形态特征、生活习性等进行观察，并且辨认它的种类。

可能有些人对鸟的种类并没有什么概念。其实，北京奥林匹克森林公园（下文简称奥森）里鸟的种类就超过50种。

和鸟类打交道时，会产生许多意料之外的乐趣。我记得特别清楚，第一次去奥森观鸟时，我遇到了一位稀客——大麻鳽（俗称大麻鹭）。我第一次认识这种鸟是通过一张图片。我当时很纳闷："这只鸟为什么没脖子呢？"其实它并不是没有脖子，而是故意把脖子缩起来了。当颈部完全伸展时，大麻鳽的形态看起来更不协调。它顶冠黑色，嘴褐色——这些大麻鳽的特征人们很难一下记住，但只要记住它脖子的样子，就会对它过目不忘了。

俗话说，鸟美看羽毛。鸳鸯羽色鲜艳，给人华丽之感；大白鹭浑身雪白，典雅又高贵。而戴胜，毛色比较杂，头型也不好看，与前两者相比，简直是样貌平平❶。

观鸟不仅靠看，还要听鸣声。很多鸟都是听其声而知其名的。比如四声杜鹃、大杜鹃、小杜鹃，它们的形态非常相近，我们可以凭借鸣声去区别它们。

这三种鸟是我们常说的布谷鸟，属鸟纲杜鹃科，真正的布谷鸟是大杜鹃；小杜鹃的鸣声更加清脆、复杂。

鸟的鸣声就像人的语言一样，是鸟类互相交流的一种手段。

观鸟有乐趣，但是观鸟过程真的十分辛苦。

你不可能给一只鸟下指令，要求它在什么时间什么地点出现，而且鸟最活跃的时候，往往都是我懒觉睡得最舒服的时候。

为了适应鸟的作息，早上五点多钟起床对我来说是很正常的事。夏天还好，一到冬天，那种寒冷的感觉，实在让人很难受。

有一次我为了看到美丽的红嘴蓝鹊，花了好几个周末的时间，这大概就是兴趣带给我的强大动力吧。

观鸟这件事我坚持了很久，虽然现在高中的学习压力比较大，但我还是时不时拿出望远镜，到处走走看看。

---

❶ 此为作者观点。戴胜色彩鲜明，头上有狭形羽所成的羽冠，嘴细长而下弯，是捕食害虫的高手。——编者注

不过我的观鸟过程仍然停留在观察层面，我一直对科学家拥有探究自然规律的能力心怀憧憬。

## ● 参与课题研究，收获宝贵经验

初二时，通过积极争取机会，我有幸参与一次课题研究——青步甲腿长与生存环境的关系。青步甲是鞘翅目步甲科青步甲属的一类昆虫，鞘翅昆虫就是我们平时所说的甲虫。

 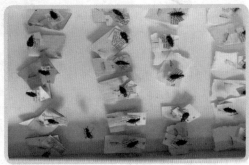

甲虫的前翅通常是鞘翅，摸上去像一个很坚硬的壳儿，用来保护自己，青步甲也不例外，但是很多种类的鞘翅都愈合了，后翅也都退化了。步甲真是名副其实，很多种类都不具有飞行的能力，反而具有更强的爬行能力。针对这一点，我们把它的爬行速度、腿长和环境建立了一个联系。

简单来说，我们的研究就是测量一定数量的青步甲腿长样本量，然后分析不同环境下青步甲腿长的规律。刚进到这个课题组的时候，我以为工作特别轻松，不就是量量数据、做做对比嘛，但是第一步样本收集就难倒了我。

每只青步甲的前足、中足、后足，每足的腿节，颈节、腹节和体宽都需要测量，一只青步甲需要测量10余个数据，而我们一共要测量78只青步甲，这个数据量对于我们来说，还是比较庞大的。

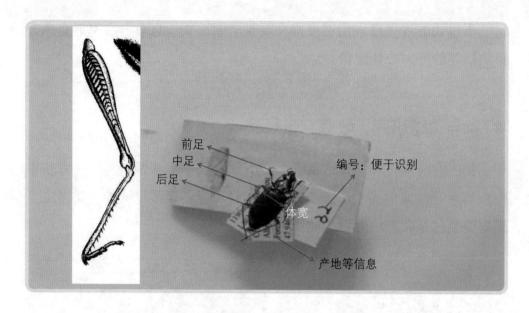

前足
中足
后足
编号：便于识别
体宽
产地等信息

还有一个问题，青步甲的标本形态很难精准测量，它本身体形就很小，毫米级的测量误差都可能导致最后的数据出现大的误差。

好在科学家们告诉了我们一种方法：先用开水把标本煮软，将其腿节拉直后再进行测量。这样做既保护了标本，还使得测量过程相对严谨。为了得到这些数据，我们花了大概一个月的时间。

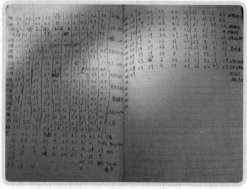

之后伴随我们的是不断地试错、纠正分析、寻找规律。我们发现，山地地区青步甲的腿长相对小于平原青步甲的腿长，我们推测这是因为山地地区地势崎岖，植被茂密，青步甲进化出了更强的爬山和抓握能力，所以腿节相对短粗。

而平原地区地势开阔，青步甲需要依靠很快的爬行速度来躲避捕猎者和捕猎食物，需要它的腿节为爬行速度提供支持。此外我们还发现，水文特点对于青步甲的腿长也有一定的影响。我们把上述内容进行整理，写出了一篇论文。

其实到现在，我们还在反思研究中存在的一些问题，比如样本量其实并不够，对于环境的设想过于理想化，等等。这些都是以后再进行科学研究时需要改进的地方。

回想起这次参与课题的实践过程，我觉得最重要的不是要一个调查结果，不是写出一篇论文，而是不断反思、不断推翻自己的过程，这也是我在生物的学习经历中获得的最宝贵的经验。

我的生物学习之路到此大概经历了由好奇到观察，最后再到探究的过程。其间，我不仅提升了自己的生物学素养，更重要的是，我深刻地认识到自己究竟想要做些什么，坚定了自己学习生物的信心。

我希望我能够把这些生物学当中的趣事和求知之道分享给更多的人，让更多的人关心自然，观察自然。

# ⑩ 自然拾趣——从一条小芝麻虫说起

◎ 李子豪（2022年，16岁）

## ● 从一条小芝麻虫说起

小时候的我和姥姥住在北京的市郊，在那里，孩子都是放养的，每天都是撒开了玩。至于我最喜欢玩什么，就是当时随处可见的小虫子。

　　还记得有一次，我在路边树下捡到一条翠绿的芝麻虫，它的尾巴上还长了一根尖尖的小角。我捏住它的角，把蜷成一团的它放在了我的手心里，那感觉凉凉的、肉肉的、痒痒的。怀着好奇的心理，我尝试用白菜叶子喂它。听着它啃菜叶，看着它僵化成茧，我盼望着它有一天能够破茧成蝶。

　　谁料想，多天的等待之后，朝我飞来的竟然是一只硕大的、灰扑扑的扑棱蛾子。

　　当然，除了翠绿的芝麻虫，在姥姥家从小陪伴我的，还有那满院子的蜗牛。还记得有首歌是这么唱的："阿门阿前一棵葡萄树，阿嫩阿嫩绿得刚发芽，蜗牛背着那重重的壳呀，一步一步地往上爬。"没错，姥爷家里的确有几棵葡萄树，每次雨后，我看着爬满葡萄树的蜗牛，就感到很纳闷：它们怎么都在雨后出来了呢？直到上了小学，我问起科学课的老师才知道。蜗牛对水有应激性，虽然它喜欢潮湿的环境，但是水太多容易使它窒息。所以，在下雨天，它才会向高处爬。

## ● 猛禽奇遇记

　　随着年龄的增长，我也渐渐不再满足于与常见的小虫为伴了。受到热爱户外运动的舅舅的影响，我也开始喜欢上了越野、骑行、探险和露营，开始真正地去接触原野和栖身其中的生物。

有次我和家人们一起去呼伦贝尔大草原，沿路我看着"风吹草低见牛羊"的景致，心中充满了憧憬。可是，我到达露营地后刚一下车，就有一只大鸟朝我飞扑了过来，慌乱之中我只能大叫着钻回车里。直到蒙古包的主人亲自带着那只大鸟来迎接我，我才知道，原来蹲在他肩头上的大鸟名叫鹞子❶。

在主人的鼓舞下，我尝试让它站在了我的胳膊上。别看它喙尖爪利、外表凶猛，个头儿还真不小，我却感觉不到它有什么重量。它为什么这么轻呢？回家后我开始查找鸟类的资料，还专门去了国家动物博物馆，找到鸟类的标本仔细观察。

原来，我见到的鹞子学名叫雀鹰，它很善于飞行，体重只在130~300克之间。这是什么概念呢？

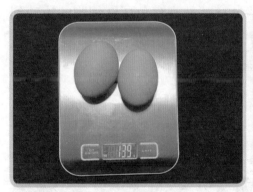 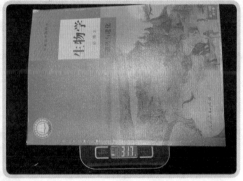

个头儿小的雀鹰，体重就相当于两个鸡蛋那么重；而个头儿最大的雀鹰，它的体重也超不过一本高中生物书的重量。那它为什么会这么轻呢？

原来，鸟类的红细胞里有细胞核，它能够自主地分裂，并不需要骨髓，所以鸟类并没有骨髓。大家可以看这张图，鸟类的骨骼与狗类的骨骼相比较，它里面的网状空心结构充满了气体，很大程度上减小了自己的体重。

---

❶ 鹞子又叫作雀鹰，属于鹰形目鹰科鹰属猛禽，是国家二级保护动物。请注意，捕杀、贩卖、食用野生动物的行为是违法的。——编者注

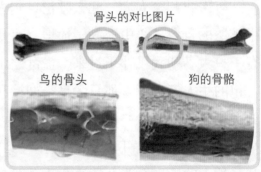

骨头的对比图片

鸟的骨头　　　　狗的骨骼

我姥姥家养的老母鸡，由于不会飞、养得肥的原因，足足长到了10多斤重。要是这雀鹰一时兴起，想吃我们家的老母鸡了，那就麻烦了，只能叫作"小鹰捉老鸡"了。

上了中学以后，我接触了显微镜，它为我打开了另一个生物圈：从观察草履虫到洋葱外表皮细胞的质壁分离，从观察鱼尾红细胞的流动到口腔上皮细胞，我已经渐渐不满足于生物课内知识的学习了。于是，我准备自己做一些实验。

## ● 探索微观世界

如今，家庭消毒成了日常。相信大家都和我有同样的疑惑：家里的哪个区域更容易滋生微生物或细菌呢？到底哪儿是我们需要重点消毒的区域呢？基于这个问题，寒假里我便开始了实验。不同于小时候的玩玩闹闹，这次我有了详细的计划。

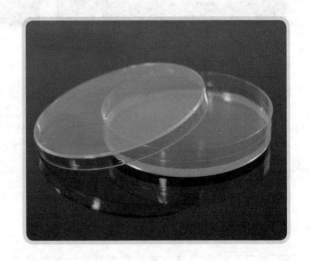

第一步是选择实验器材。我选择了琼脂培养皿，它里面有黄色的培养基，其中有丰富的营养物质，微生物落在上面能够繁殖。

第二步是选择家中的环境。我选择了洗衣机、洗碗机、冰箱、卧室、烤箱等家里人常用的区域，作为我的实验地点。我在每个地点放了3个培养皿，因为各个地方的微生物可能分布不均，这样做是为了实验的严谨性。

又过了几天之后，我发现我的培养皿上微生物连成了一大片（右图是被污染的培养皿）。这是怎么回事呢？后来我发现，原来培养基中有水分，它在盖上凝结成了小水滴，滴落在了培养基上，使微生物连成了一大片，根本没法计数。我的实验失败了，所以我不得不再次购买培养皿、重新开始实验。这次，我在不同的区域放置了培养皿，并将接种好的培养皿倒置在培养箱里进行培养。

经过了10多天的培养之后，我的实验成功了。可以看到，烤箱里并没有采集到什么微生物（下图右下）；洗碗机、洗衣机、鞋柜里的微生物并不是那么的多，其实也挺干净的（下图左上、右上）；而卧室作为我们人类长期生存居住的环境，它的微生物数量和种类是最多的（下图左下）。我们分析，烤箱由于长期高温使用，所以微生物很少；洗衣机、洗碗机、鞋柜里的物品比较单一，所以只有少量的微生物；冰箱区别于烤箱，它只是低温抑制了微生物的成长，并没有完全地杀灭微生物，所以还是有一些微生物的；而卧室作为我们人类长期活动停留的区域，自然而然成了我们消毒的重点区域。

我还把培养出来的微生物制成了临时装片，利用显微镜进行了观察。下图这些就是微生物在显微镜下的真容。回想起这次实验，真是一波三折。我在一步步试错的过程中，既体会到了研究的不易，也感受到了逐渐走向正确道路的快乐。

我对生物学的兴趣源起于一条芝麻虫。无论是慢悠悠爬树的蜗牛，还是翱翔于天际的雄鹰，对它们的探索都给我带来了无尽的乐趣。而随着年龄的增长、学识的增加，对微生物的研究也给我带来了不小的成就感。我希望以后我仍然能够从事生物学的研究，并且继续探索自然的奥秘，感悟自然之趣。

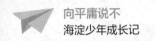
# ⑪ 光随音舞——
# 如何让听障人士感受美妙的音乐?

◎ 宋正良（2022年，14岁）

## ● 如何让听障人士感受美妙的音乐?

2019年的国庆假期，有一天我乘公交车回家，看到两个听障人士正在公交车的电视屏幕前，用心感受着老艺术家演唱的《我爱你中国》。他们一边专注地看着，一边用手语激动地交流。虽然他们耳朵听不见，但从动作和眼神中，我能感受到他们对于音乐的憧憬和渴望。

那时候我就在想，有没有办法让听障人士也能感受到美妙的音乐呢? 有了想法还不够，要把想法变为现实，单靠我一个人肯定是不行的。正巧这时我加入了学校的科技小组，我就把这个想法与小组中的老师、同学们交流，大家都很有兴趣，决心一起来做这件事。

确定了想法之后，我们就得先梳理一下思路。大家都知道人有五种感觉，分别是听觉、视觉、触觉、味觉和嗅觉。音乐嘛，很明显是要用听觉来感知的，但是听障人士却恰恰失去了听觉。有没有办法让音乐可以被其他感觉所感知呢?

带着这个问题，我查阅了资料，发现现在已经存在多种让音乐可视化的技术。比如克拉尼图形，它是由德国物理学家克拉尼所发明的一种让声音看得见的技术，声波的振动借由沙子所展现的规则图形表现出来。

时至今日，这种技术也演变出了多样的展示形式，比如鲁本斯焰管。这些现象令人惊叹，但是它们需要严苛的环境条件和特殊的设备，无法在实际生活中应用。

我又去查阅了有关听障人士专用音乐播放设备的资料，发现现在也有很多专为听障人士设计的音乐播放装置。

　　比如有像抱枕一样的音乐播放装置，它能将音乐转化为振动，但是它的体积过大，并不适合随身携带；而有的听障人士专用的音乐播放装置，同样是将音乐转化为振动，并且体积十分小巧，但是它又缺乏视觉感官上的享受。

　　我们的电脑里也有很多带有音乐可视化功能的音乐播放软件。它们或将音乐转化为频谱，或将音乐转化为各种图形，但是它们又不是专为听障人士设计的。

　　那么，听障人士需要一款什么样的装置来满足他们的需求呢？为了弄明白这个问题，我在问卷星上发放了调查问卷，收回有效问卷110份。在问卷的结果中，超过50%的听障人士认为将音乐转化为视觉更能让他们接受。

　　接着，我又前往北京心灵呼唤残疾人艺术团进行实地调查，通过与听障人士进行面对面交流，我了解到：在他们平时的表演与练习中，因为振动形式的音乐播放器要随身携带，并不方便，所以他们大多是通过舞台前手语老师的动作来判断接下来该怎么跳。如果我们能发明出一款将音乐转化为视觉的装置，将会对他们的表演有很大的帮助。

## ● 搭建第一代装置

　　综合以上信息，我确定了目标：制作一款集便携性、展示性于一体的，能够让听障人士享受音乐的可视化装置。

　　那该怎么入手呢？我们首先就确定了用光来表现声音。因为光的波动和声音的波动有很多相似之处，并且光的颜色与亮度在视觉上也非常直观。

　　该如何将声音转化为光呢？我们对制作过程进行了分解，第一步就是采集声音信号。这个比较简单，我们用市面上已经比较成熟的声音传感器解决了这个问题，成功地将声音信号转换为了电信号。

但是在声音信号的处理上，我们遇到了一些麻烦：我们要将电信号转换为光的频率，怎么做呢？老师告诉我们，可以通过傅里叶变换来解决这个问题，但这是在大学才能学到的知识，对于我们而言难度很大，不过最后我们还是做到了。

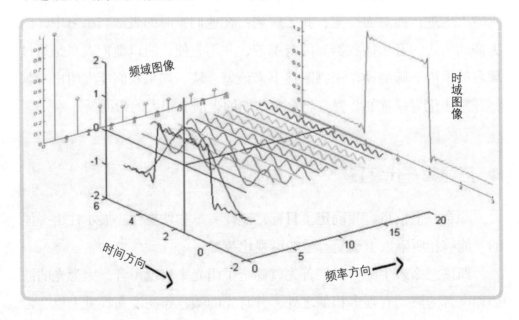

接下来的问题，就是如何将光和声音对应起来呢？因为光的频率决定了光的颜色，我们很自然地用红光来表示较低频的声音，紫光来表示较高频的声音。人的听力一般是20～2万赫兹，我们可以把这个范围划分为7段，分别对应从红到紫的光波。同时我们利用RGB灯环，这是一种通过红绿蓝三原色混色制造各种色光的光源（见右图），它的亮度与颜色就可以表示声音的响度与频率。

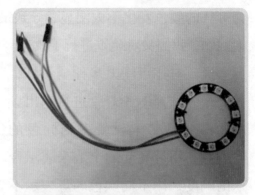

接下来就要进行焊接工作，没想到这一关把我们难住了。因为这个装置非常精细，需要很精确地焊接，稍有不慎就会把焊点焊坏，产品就作废了。很不巧的是，就是由我来负责这个装置的焊接。

刚开始的时候，我的手会不由自主地发抖，经常导致焊点焊不准，产品作废。因为这个，我焊废了5个灯环。为了克服手抖的问题，我只能硬着头皮一遍一遍地练习，烫伤都是家常便饭。不过这都是小事，最重要的还是心疼我们的材料。庆幸的是，最后我们成功解决了这个问题，完成了第一代装置的搭建。

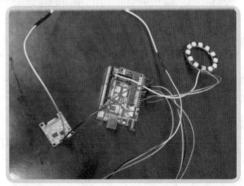

## ● 光随音舞成为现实

第一代装置搭建完成后，我们选用了多首乐曲对装置进行测试。经过测试，我们发现，装置虽然能大体表现出音乐，但是因

为灯环的颜色变化不太明显，导致最后装置的效果也不够理想。基于以上问题，我们又对装置进行了改进。

经过对比市场上多种全彩灯，我们最终选择RGB灯带进行输出。在每一条灯带上设置多个同色的LED灯，用灯亮起的个数来表示音乐的响度，用不同颜色的灯表示不同的频率。这样就搭建成功了第二代装置。

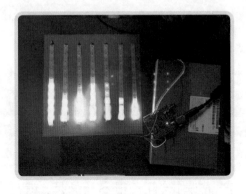

第二代装置搭建完成后，我们再次前往了北京心灵呼唤残疾人艺术团，请那里的部分听障人士对我们的产品进行测试。

他们通过装置看到音乐时的反应非常好。他们的手随着光的跳动不由自主地打起了节拍，还有人想要用手触碰灯管，好像想要触碰到音乐一样。这就证明他们的确通过这个装置感受到了音乐。

在手语老师的帮助下，我们与听障人士进行了沟通。我们得知他们的确通过我们这个装置感受到了音乐在跳动，同时还建议我们可以在装置中加入一个具现情绪的模块。

当然，我们的装置距离一个成熟的产品还有很远的距离，比如这款装置的体积过大，无法满足最开始便于携带的要求；同时它的光线过于刺眼，无法长时间使用；而且外观也不够美观。在未来我们将进一步优化产品体积，同时设计情绪分析算法，争取早日加入情绪表现模块。

无论是硬件还是软件的进一步改进，都需要更多的知识作为支撑。在这个课题的探索中，我也无时无刻不感受到知识力量的强大，以及我自身能力的局限。在未来我要学习更多的知识，争取成为一名科技工作者，帮助更多的人。

# ⑫ 与昆虫结缘

◎ 王怀正（2022年，13岁）

## ● 与昆虫结缘

我从小就喜欢虫，特别是昆虫。4岁时，妈妈带我去香山，我在眼镜湖旁发现了一只蝈蝈，当时我一点都不害怕，伸手就将它抓了起来。从此我就被深深吸引，喜欢上了昆虫。

上幼儿园时，我也经常用小木棍挑毛毛虫玩，还喜欢看一些昆虫的图画书。当时虽然不识字，但拿起昆虫书来，我讲得头头是道。在小学课间，我也经常在小菜地里抓昆虫，鞋上经常沾满泥土，扫地的同学总抱怨说我座位底下扫出来的土是最多的。还有一次我边走边抓虫子，甚至一头撞到了树上，被同学笑话了好久。

8岁时，我参加了一个昆虫兴趣班，开始跟随老师们学习昆虫、了解昆虫。比如大蚊，是不是长得像蚊子？我第一次看见它时就这么认为，还很惊讶，怎么会有这么大的蚊子呢？后来我才知道，其实它不是

龙牙姬兜幼虫

美他利弗细身赤锹幼虫

美他利弗细身赤锹成虫

蚊子，是大蚊。有人又要问了：大蚊不就是大一点的蚊子吗？其实不是的。大蚊是属于双翅目大蚊科的，而蚊子是属于双翅目蚊科的，二者只能算是远房亲戚罢了。更有意思的是，大蚊的体长是普通的蚊子的5～10倍，但是它从不吸血，也从不攻击其他的动物。

大家看左侧最上方图中这块木头。它看上去烂糟糟的，平平无奇，但其中暗藏玄机。这里面有一个昆虫的"天堂"，我们可以找到条脊甲和锹甲幼虫等。

在参加昆虫兴趣班期间，我经常会去外面抓昆虫。左侧第2张图中展示的就是我抓到的一只幼虫，名字叫龙牙姬兜。可能有些人看了会感到不适，但是我非常喜欢它。别看它小时候长得这么憨憨的，长大了的它可特别精神。

我非常喜欢养的一种昆虫，名字叫美他利弗细身赤锹。它的颜值很高，身体宽阔而粗壮，还有一些角斗士的气息。更重要的是，它不仅颜值高，还特别好养，只需要每天喂它"昆虫果冻"就行。

## ● "有味道"的科考

为了更多地了解昆虫，我们也会去外面科考。大家可以先猜一下，我们去外面科考用的工具是什么。有人猜是捕虫网，还有人猜是放大镜和手电，但我个人最喜欢的工具却是——小木棍。

它们是干什么用的呢？是用来掏粪的。大家先别笑，它们真的特别有用。有一次我在西藏林芝抓螳螂时，我们蹲在一坨坨大粪中间，用木棍把粪挑开，寻找里边的螳螂，路过的人都觉得我们像神经病似的。还有一次，为了抓一只只露尾巴的甲虫，我甚至将手直接伸进了粪便里，那感觉甭提了。

## ● 灯诱——守株待兔

还有一些昆虫，它们在白天很难抓到，只在晚上出来活动，我们就用灯诱的方法来抓捕它。随着灯诱次数的增加和经验的积累，我就发现，在不同的地点灯诱的效果是不一样的。

在森林边缘或者山间平原，可以抓到黄金鬼锹、长颈鹿锯锹和南洋大兜虫；在水边则可以抓到龙虱和水龟；而在西藏林芝，就可以抓到护利螳螂。

## ● 夜探——主动出击

当然，在晚上抓虫时，我们也可以用一种更有意思的方法，名叫夜探。夜探可以抓到一些没有趋光性的昆虫。我们在晚上背着虫盒，戴着头灯，拿着手电，漫山遍野地搜索，总可以搜到一些意想不到的收获。

## ● 标本——生命遗迹

每次得到一只昆虫后，我都会将其制作成标本，来更好地观察。当然，我做标本的历程也经过了很多的改变。

最开始时我是个"标本狂人"，每次拿到一只昆虫后，就立刻浸泡、整姿、装框、收藏，并为自己娴熟的手工和栩栩如生的标本而欣喜不已。但是有一次，我把一只怀孕的母虫放进了酒精里，受惊的它排出了尚未成熟的卵，我连忙将卵捞起放进了木屑中，准备开始孵化，但这些卵还是无一例外地全部夭折了，我为此伤心了很久。从这以后，我每次得到一只昆虫后，就会把它放进饲养盒中开始饲养。

## ● 为螳螂制作"果冻"

下图这些就是我养过的昆虫，我会尽量保证它们在我的饲养环境中活得比外界更好。我会保证它们饲养环境的温度和湿度，并且会自己制作食物给它们。

蜣螂是我最喜欢的昆虫，但是我在最初养蜣螂时遇到了很大的困难。

大家知道蜣螂的俗称是屎壳郎，如果我在家里囤牛粪的话，既不雅观、也不现实，要是真囤了还可能会被妈妈责怪。但是市面上所售的甲虫果冻也没有适合蜣螂食用的，那怎么办呢？

我跟虫友就想到了自己给蜣螂制作果冻的方法。当时，我们正在养殖神农洁蜣螂，它们是一类食量巨大、生命力顽强的蜣螂类群，正好适合我们这个实验。我先将鱼肉煮熟，等腐烂了以后喂给蜣螂吃，发现蜣螂倒是能吃，但就是有点浪费，尤其是那些鱼汤都倒掉了，十分可惜。后来，我就将鱼肉和鱼汤熬成了鱼肉果冻，喂给蜣螂，我发现蜣螂也可以吃，但是长期喂养的情况下，蜣螂的营养来源太过单一，因而活得并不好。

 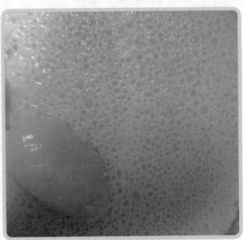

所以我又尝试性地在其中添加了一点调料，比如黑糖、红糖、卡拉胶等，最终用这几种食材制成了相对营养丰富一些的蜣螂果冻。

那么问题又来了：浓度多少的蜣螂果冻是合适的呢？鱼肉占比多少的蜣螂果冻是在蜣螂界内最受欢迎的呢？

 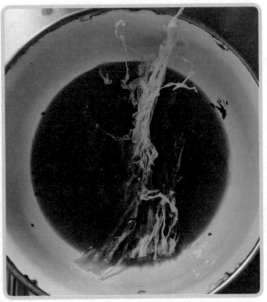

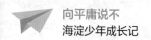

　　我制作了鱼肉含量为50%、75%和25%的果冻,每6天喂一次,最后发现鱼肉含量为50%的果冻是螳螂吃得最好的。这样,一份相对完备的螳螂果冻食材单终于诞生了。

## ● 昆虫点亮梦想

　　从小学算起,我进入"虫圈"已经有10年了,算得上一名资深虫友。但是我自己觉得,我对昆虫的了解还是非常肤浅的,希望以后能够更多地观察昆虫、了解昆虫,并尝试着解决一些昆虫圈中未被解决的问题。

第二篇

被传统文化
深深吸引

## ⑬ 古诗词为我的世界开启了 一扇新的大门

◎ 丁月辰（2019年，15岁）

### ● 邂逅古诗词

我是一名古诗词爱好者。很多人在诗词大会的节目里听选手说过，诗词是他们人生中不可或缺的一部分，可是这究竟是一种什么样的感觉呢？可能很多人不知道，以前的我也不知道。下面我来分享一下我与诗词相遇、相知的历程。

小学期间，我跟人交流得很少，是一个很孤僻的人；在小学毕业的时候，为数不多的几个朋友也分到了不同的学校。升入初中后，环境的变化，让我在很长一段时间里都很自闭，作为排遣，古诗词走进了我的生活。

最开始，我喜欢的一首词是辛弃疾的《书博山道中壁》："少年不识愁滋味，爱上层楼；爱上层楼，为赋新词强说愁。而今识尽愁滋味，欲说还休；欲说还休，却道天凉好个秋。"

不需华丽的词汇，这首词深深地戳中了我这个俗人的心，给我带来了很大的震撼。对于每个人来说，当下的"愁"总是最大的，所以我认为这首词不仅适用于大人，它也适用于不同人生阶段当中的每一个人。

上初中了，意味着我长大了，要藏起一部分情绪了，所以当我看到"却道天凉好个秋"时，简直一见如故，如遇知音。

### ● 收集诗中愁

对于那时的我来说，让我理解最深的一个字就是"愁"。所以我收集了很多关于愁绪的诗词，我在"感时花溅泪"中体会诗人的亡国之愁和爱国之心，在"人比黄花瘦"中感受相思之愁，在"十年生死两茫茫"中感受"物是人非"之愁，在"空戴南冠学楚囚"中感受思乡之愁。

那时，我开始在微信朋友圈中打卡，以诗配图，再加上一些文字赏析。随着语言的不断积累，这些诗词逐渐在我心里有了温度，我也更愿意花时间去赏析它们。

随着对古诗的不断积累，我开始发现，人生中除了"愁"以外，其实还有很多别的东西，就连悠闲的赏景诗都别具一番风味。

在打卡第58天的时候，我决定换一类诗词分享，之前分享的诗词都太愁、太悲了，有点急于向大家分享我的心情，反而显得有点自私。这时候，我便忽然想到，为什么不先欣赏呢？虽然是小小的进步和发现，却为我打开了新世界的大门。

以前我就像是一个什么都不懂，又麻木的人，只有强烈的情感才能微微触动到我。后来我发现，原来普通生活中的思绪一转或者是微微一笑，也可以带领我们走进诗的世界。

你看，"小荷才露尖尖角"，却有一只小小蜻蜓飞落上头；春天百花齐放，却见那如蚕丝的杨花榆荚化作漫天雪飞；客人有约不来，"只知夜半"，我闲敲棋子却不小心打落灯花；"夕阳无限好"，可作者思路一转，觉得它"只是近黄昏"，笔锋微微一回，便给人无限的玩味。

读到这些诗词后，我逐渐发现，人生中不只有愁，还有其他积极的情感。

## ● 找到自己的赏析方法

诗词带我看温情、看感动、看人生百态，逐渐带我走出了自闭和不愉快。大概在打卡第97天的时候，我开始尝试在分析中加入自己的感受，在这之后，我越写越认真。

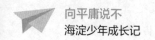

　　有的诗内容丰富，我常会一个字一个字地查是什么意思，反复揣摩作者的想法。很多时候人和人之间的情感是相通的，我通过自己来揣测作者，有时也能发现我们之间的不同之处。

　　我喜欢的李清照与我一样，有的愁绪"才下眉头，却上心头"；而她与我也有不同，她赏景时有"水通南国三千里，气压江城十四州"的豪迈气概。

　　之前我的分析都特别僵硬，常用一两个词概括出这首诗我喜欢或是出彩的地方，但是时间长了我发现，有的诗我概括出来的关键词是相同的，而它们明明很不一样。

　　后来，我尝试放低姿态，只写自己的感受，不写赏析。我逐渐总结出来一些其他的方法，不用翻译凑数，也可以写出大篇幅的赏析文章。在这个过程中，我收集诗词的途径变广了。

　　很多小学时候就熟悉的诗词，我们能像绕口令一样背下来，但是我发现，恰是这种熟悉，让我们失掉了对它的赏析。

　　在打卡第152天的时候，我分享了李白的《静夜思》："床前明月光，疑是地上霜。举头望明月，低头思故乡。"细细品读，你能发现诗人对于月的陶醉，借此抒发思乡之情，其中从景到情的转换、从上到下的变化是那么自然流畅。

## ● 诗词离生活并不遥远

　　在打卡第133天的时候，我分享了诗句："一望沮漳水，宁思江海会。以我径寸心，从君千里外。"

　　在游戏《古剑奇谭2》中谢衣居所的匾额上就题有"江海寸心中"。在查了一些玩家的考据和资料后，我发现这首诗是南北朝沈约写给谢朓的饯别诗。而游戏中，谢衣和沈夜过去曾是师徒关系，两人因为意见相左而分道扬镳，过去我一直以为他们就此成为仇人，但因为游戏中的一个小细节和对古诗的赏析，让我重新发现了他们之间复杂的感情。

在打卡第160天的时候，我分享了杜甫的《赠卫八处士》。其实之前我也有听过这首诗，但理解并不是那么深切，或许是因为现代交通发达，对离别的感受并没有那么深刻。

但是在《第五人格》一周年庆活动中，我看到了宿伞之魂的角色语："人生不相见，动如参与商。"恰是出自这首《赠卫八处士》。宿伞之魂分为黑白两人，两人生前曾是至交好友，但死后只能切换，不能相见，正如诗中所写的参和商，一东一西，轮回交替，永世不得相见。

读完这首诗后，我感觉荡气回肠，久久不能平静，因为这实在太适合这个角色了。因为游戏，我对这首诗也有了更深的理解。

我借我喜欢的游戏看古诗词，同一句"韶华不为少年留"，游戏间，生死易，在心头；人世间，恨悠悠，几时休。感情基调完全不同，但都切合上句表达了自己的感情，毫无违和感。

我将视线放到我之前不那么喜欢的文言文，发现"飘飘乎如遗世独立，羽化而登仙"，竟是如此的飘逸灵动。

## ● 在诗中找到知音

诗词给了我更豁达的人生观，让我更能理解他人和自己。有的事情想不开，读完诗后，我豁然开朗；考试不理想可以自嘲；生活不顺利，也可以用诗词安慰自己，"得即高歌失即休，多愁多恨亦悠悠。"

后来想到，连古代的伟大诗人也曾如我们一般，为爱情"悠哉悠哉，辗转反侧"，或为事业"停杯投箸不能食，拔剑四顾心茫然"，想到这里，便如同有了知音。正如辛弃疾所说："知我者，二三子。"

在这180天打卡诗词的过程中，我收获了很多，每天的收集，让我对每首诗都产生了刨根问底的兴趣。

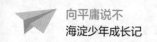

课上老师随意提到的诗人或者是年代，我都能去细心查证；在课下，如果遇到特别美或者是熟悉的诗词，我常会立刻打开手机记下来或者是查出来；最有意思的是，如果晚上突然想到上半句，想不到下半句，我立马就睡不着了，一定要查个水落石出。

诗词也成为我生活的一部分，在逛公园的时候，我常会观察水面，看是否真的"小荷才露尖尖角，早有蜻蜓立上头"；下雪时，我给同学们分享咏雪的诗句，有诗意浪漫的，如"白雪却嫌春色晚，故穿庭树作飞花"，也有幽默有趣的，如"黑狗身上白，白狗身上肿"。

课余我自己常常写一写对联，常常为了一两个字眼冥思苦想好久，纸条上写得密密麻麻。

我很喜欢赏月的诗句，也对月亮有着独特的感情，在城市灯光如昼的夜晚，月亮依然是我心中最明亮的光。我最喜欢楼顶烟囱维修的时候，因为这个时候我可以走上楼顶，远眺或抬头看天，仿佛就能找到古人抬头望月时的情景。

正如李白所说"今人不见古时月，今月曾经照古人"，转眼间，他们也成了古人，但凭借月的寄托和诗的继续，我们依然彼此相连。

可以说，诗词给了我心灵的滋养，为我打开了另一个世界，和古人来一场跨越时空的对话。这些诗词给我的人生带来了很大的影响和启发，也许课上遇不到，考试不会考，但是我们初中生的生活不应只有上课和考试，诗词文化将会伴随我的一生。

# ⑭ 一个语文学渣逆袭
# 成为狂热国学爱好者的故事

◎ 田婉濛（2019年，12岁）

## ● 在成为国学爱好者之前竟是个语文学渣?

我是一个12岁的国学狂热爱好者，我最喜欢做的事情就是挑战各种高难度的古诗、古文。

在网上，我还有一个诗社，有一群喜欢写诗的朋友，有空我们就自己拟题、写诗，美得不行不行的。

可是你们知道吗？以前的我是一个语文学渣，不仅语文考试不及格，连作文都是最低分，对古诗文更是一窍不通。

## ● 老妈发誓半年之内让我爱上古诗文

那个时候，我中文系毕业的妈妈看不下去了，跟我提出了她的宏伟计划：半年之内，让我爱上古诗文，学好大语文。

当时我差点笑出声来，这不就是天方夜谭吗？我记得妈妈当时跟我说了一句话："会当凌绝顶，一览众山小。"她说如果能按照她的方法学习古诗文，就等于站在了中国语文的高峰，再看现代汉语，就会觉得简单得多。

我清楚地记得，我背诵的第一篇古文是刘禹锡的《陋室铭》："山不在高，有仙则名。水不在深，有龙则灵。斯是陋室，惟吾德馨。……"

背诵这首诗时，我最多用了15分钟，可是妈妈却花了50分钟来给我讲唐代的历史。

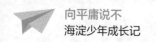

她说唐代历史开始于公元618年，结束于公元907年，分为初唐、盛唐、中唐、晚唐四个段落，刘禹锡是中唐诗人，他和白居易是同龄人。

刘禹锡这一生官场生涯非常不顺利，多次被贬官。在某次被贬官后，他来到了安徽和县，县官欺负他，觉得他不过就是朝廷派来的一个小官，给他分配了一个很破很暗的房子，可他并不在乎，成天游山玩水、吟诗作乐。

县官看不下去了，给他分配了一个更破的房子，结果刘禹锡也不在乎，每天去房间旁边的一条小河玩耍，像个孩子似的。

县官一不做，二不休，直接给他分配到了农村，那里人烟稀少，而且房子的台阶上布满了青苔，刘禹锡一不小心，就会在自家的房门口滑上一跤。大家都等着看刘禹锡的笑话呢，没想到却等来一篇脍炙人口的《陋室铭》。

渐渐地，我总结了一种学习方法，学习一首诗时，我们先去了解作者的时代背景，从夏朝开始画图，一直画到这个人所生活的时代。这个方法看似复杂，其实是帮我从心里理出一条历史线来。然后再去了解作者的朋友圈，比如说李白的偶像是孟浩然，李白的粉丝是杜甫，李白的酒友是贺知章，对李白不够意思的是高适……这样就能对作者了解得更深入。

不仅古诗如此，古文也是一样，先了解作者大的时代背景，再去了解他的"七大姑、八大姨"，这样作者的形象就清晰了。

## ● 打着快板背古诗

坚持了两年之后，我把从小学到高中课本上几乎所有的古诗文都挑战了一遍，在这个过程中，我发现了一个帮助记忆的好办法——打着快板背古诗。

当时我刚开始学快板，手里经常有意无意地晃着板，正好那次我们全家去三亚旅行，路途漫长，我就磨着妈妈给我讲白居易的《琵琶行》，这首诗很长。当时我用了时间线和朋友圈的方法以后，还是有点背不下来，因为它实在太长了。正好那个时候我手里晃着板，忽然间发现，诗的点和板的点对上了。

当时我特别惊讶，赶快就把这个消息告诉了妈妈，也得到了她的认可。因为中国的诗歌都是有韵律的，快板也是有节奏的，二者合在一起，简直就是绝配。

我经常会把我打板背诗的过程录下来，在自我欣赏的过程当中，也在不断地复习。几年下来，我发现方法正确了，的确不容易遗忘。估计到了80岁，我还能背诵《长恨歌》《琵琶行》《蜀道难》《岳阳楼记》……这些我之前觉得又长又难的诗文。

我把这个方法分享出来，也想把《三字经》《千字文》《论语》《诗经》都用快板打出来。

总结一下我学习诗词的方法，就是三个一：一条线、一个圈、一副板。一条线就是指一条历史线，一个圈就是指作者的朋友圈，一副板就是一副帮助记忆用的快板。

别人常说，我们中学生有"三怕"：一怕文言文，二怕写作文，三怕周树人。

我觉得通过我这个学习方法，同学们就再也不用怕文言文了。

# 15 与相声的奇妙相遇

◎ 郝宇轩（2022年，16岁）

大家看我穿的可能与其他演讲者不太一样，因为我穿的是大褂，这可是相声演员上台的必备法宝。今天，我就带大家一同走入我的相声世界，感受一下我和相声的奇妙经历。

我先和大家说一说相声的历史吧。相声的祖师爷是朱绍文先生，他本是一名学子，但由于仕途不顺，落榜了，当时一没金钱，二没身世，三没地位的，这可行不通。于是，他便做了一名街头艺人，靠着自己的聪明才智，就把相声发明出来了。由于当时北京特别混乱，再加上天津是港口城市，于是相声艺人就来到了天津发展相声。这便有了那句话：相声发源于北京，却发祥于天津。

## ● "开门红"的相声之路

在一个晚会上，我第一次接触了相声。当时听完相声，我笑得前仰后合，心想自己也要说相声，也要迈出艺术生涯的一步。这个机会很快就来了。

我上初中之后，一次学校的表彰大会向全体同学征集节目。于是，我和我的同伴便踊跃报名参加了。报名后，我们便打印出相声稿，到排练室排练。坐下来翻开稿子，你一句，我一句，成功地把一个相声说成了无聊的二人对话。这一没包袱，二没节奏的，太糟糕了。于是，我们只能带着失败的心情结束了这次排练。

自那天之后，我每天放学后，嘴里总是说着一些绕口令：吃葡萄不吐葡萄皮，不吃葡萄倒吐葡萄皮；八百标兵奔北坡，炮兵并排北边跑……耳机里也总是放着相声。但直到我们表演前一天晚上，排练效果也没达到我的预期。

表彰大会那天，随着报幕声的响起，我出演了人生中的第一次相声节目。可能是平时相声听多了的缘故，每到了包袱点，我总会放大音量、夸大动作，没想到这还真有用，逗得同学们哈哈大笑。结束之后，我们也受到了老师们的一致好评。

于是，我便趁热打铁，赶紧创办了我们学校的相声社。自那之后，我也受到老师的邀请，参加了我们学校很多次表演，像结业式、艺术达人秀等，也获得了一些荣誉。比如，我获得了我们学校艺术节的一等奖，还创造了观众投票数的最高纪录。

我的手里时常拿着一把扇子。有人会问：这么冷的天，你为什么要拿着一把扇子呢？因为扇子可是我的好伙伴，它就像我的"定心丸"一样，有了它就会很安心。

给大家说一个有趣的故事吧。那天我在上课，习惯性地打开扇子扇了扇，忽然听见后边有同学在窃窃私语，还时不时传出一些笑声。下课铃一响，我就跑过去问他们笑什么呢，他们看着我说："你怎么了？大冬天你扇扇子。"这时候我才意识到，原来相声不只在台上给他们带来了欢乐，在台下也能给他们带来笑声。

各位的衣柜里一般放什么呀？是不是有些卫衣、潮牌衣服、鞋子或者帽子？给大家看看我的衣柜里放了些什么吧：大褂、一些扇子、醒木，以及我的个人印章。

有人会问，你怎么喜欢这些复古的东西呢？其实我想说，穿大褂的我也十分帅气。

不知不觉，我步入了高中生活。在我们学校的演讲社里，我认识了一位老师。刚开始他并没有说出自己的名字，也没有说他在校外是干什么的，只是让我们猜，充满了神秘感。经过一番七嘴八舌的猜测，我们得知了他是来自德云社的相声演员，我们尊称他为丁老师。一听德云社，再一听相声演员，我的眼睛瞬间发光了。自那之后，我天天跟在老师后面，问一些关于相声的知识。

大家知道下图左侧的是什么吗？没错，是快板。快板的节拍有单点、双点、混合点、马蹄点，听着是不是相当有趣呢？

但是我在训练的时候，可没这么有趣。当然，也因为我技术没那么好，只是个基础学员。

我觉得相声带给我最大的改变，是性格上的改变。在小学时，大家称我为高冷王子，因为我不愿意和其他人说话，最多只会见人微笑一下。可自从我接触相声之后，用一句俗话来讲，就是我会说话了、懂怎么说话了，我成了我们学校的社交达人。大家可能不信，但这是真的。以前别人看见我时总是说"你看这孩子笑得多好"；可现在别人看到我时却说"你看这孩子性格多好"。这就是改变。

我喜欢说相声，也喜欢学相声，相声在细微之中改变着我。我有一个目标，就是成为一个真正的相声演员，更加深入、更加全面地去学习相声。

# 16 敲敲打打中国鼓

◎ 毛彦哲（2022年，16岁）

我从小就与中国鼓结下了深厚的情谊。下面我就来跟大家分享一下我的故事。

## ● 与中国鼓结缘

还记得第一次接触中国鼓是在我读初一的时候。不知道大家对鼓的第一印象是怎样的呢？我对鼓的第一印象，就是一个壮汉使劲地拍打着鼓面，发出巨大的声音，甚至还有点吵。

它并没有像钢琴那样，让我第一次听就有心动的感觉，因为它只有节奏。而我们拍拍手也能拍打出节奏来。

所以我对它的定义就是一个辅助乐器，甚至是绝对的配角。因为在合奏乐曲进行的过程中，打击乐经常仅仅是打拍子，甚至很长一段时间都没有它的戏份，鼓手只能在旁边默默地数拍子，然后到该进的时候进。

所以鼓当时对我而言并没有什么吸引力，但是一个视频改变了我对它的看法。我在看到鼓乐《兰陵王入阵曲》的视频时，一下被震撼了。在南北朝时期，北齐的邙山被北周所围困，兰陵王率领五百骑冲入敌阵，最后反败为胜。《兰陵王入阵曲》就歌颂了他的英勇无畏。相信大家都能感受到鼓声的皇皇大气、热血激昂，我们仿佛能看到兰陵王冲入阵中的如虹气势。这真的是太帅了，怎么能这么酷！

## ● 中国鼓的功夫从基础开始

于是，我就想：我也能打成这样吗？我们学校一直有为学生举办个人音乐会的传统。我如果水平足够，也可以办一场属于自己的个人音乐会。

于是我就去请教了专业的外请老师。上课那天，我早早地来到了教室，老师一进来，我就为老师搬椅子，然后边搬边说："老师，今儿我们学什么曲子啊？"

老师的回答让我有点绝望："想什么呢？学什么曲子啊！先练握槌和站姿。"

当时我一下就蒙了，为什么要练握槌和站姿这种好没用的东西啊！

老师跟我说，这就是我们中国鼓的功夫。中国鼓的功夫体现在对于基础的打磨，通过对基础的打磨才能打出更好的力度。

这里请大家跟我做一下，把大拇指和食指合在一起，然后把手握成拳，再将你的手腕竖起来，然后这样平放着，进行抬—落—抬—落……

当大家抬到最高点的时候，是不是有一种不由自主想要把手腕转过来的感觉？其实我们中国鼓的鼓手所要克服的就是这种转动手的本能，我们要保持手的稳定，然后才能敲出更好的音色。

在演奏中国鼓时，不同的发力方式对于声音有很大的影响。第一种发力方式，鼓手身上的每个细胞好像都在发力，但敲出的声音似乎不怎么好。第二种发力方式是用手腕发力，这时敲出的声音更透亮、更通透、更好听。为了掌握这种手感，我经常把鼓槌揣在包里，时不时在课间就拿出来摆弄两下，进行一些抬落的练习。练到最后，我甚至练出来一种手感，我摸一下就能摸出这个鼓槌到底是不是我的。

## ● 中国鼓的独特魅力

其实在学习的过程中，我也在不断地了解鼓乐。在鼓乐《牛斗虎》中，鼓手用鼓声模仿老牛蹬蹄，模仿猛虎磨牙。我感觉他们好像在讲故事，在用力度的强弱、节奏的变化和精湛的表演，为我们展示了一幅牛与虎之争的图景。

其实在流行音乐中，中国鼓也有很多次出场，可能大家并没有注意到。周杰伦《霍元甲》的前奏部分，让我们感受到了一种热血激昂的澎湃情感，而中国鼓在表达这种情感中是功不可没的。

不可否认的是，中国鼓始终不是一个优秀的独奏乐器，它更多的作用是辅助，但是它也蕴含着无穷的力量感。在古代，中国鼓主要用在祭祀中。古人认为鼓的声音像雷霆，他们用它来沟通天地，用来祈雨，以滋润庄稼。

中国鼓从远古的荒蛮走进了现代文明，而它所蕴含的精神力量却丝毫未减。今天我站在这里，跟大家分享鼓的力量感，希望让大家了解中国鼓的魅力，甚至喜欢上中国鼓。

# ⑰ 写好中国字，做好中国人

◎ 王天琪（2022年，14岁）

在开始演讲之前，请在座的各位和我一起想象一下：如果我们身边的文字全都消失了，会发生什么？你可能会偷着乐："哈，这回我终于不用写作业啦！"

可是，当你独自站在没有任何文字的陌生街道，你无从知道自己身在何处；面对没有说明书的药品，你大概只能辨别出颜色和形状的不同，完全不知道它们的功效；而没有了文字的记载，我们又何以得知过去发生的一切呢？

文字让语言从能听见变成了能被看见，成了信息交流的重要工具。而中国字作为世界上最独特的文字，不仅是一种交流工具，更是中华文化的积淀与传承。接下来我跟大家分享一下我与汉字的故事。

## ● 我和书法的故事从"画画"开始

我是6岁开始学习软笔书法的，原本我以为，学书法要先苦练很久的"横竖撇捺"，然后才有资格学写一个完整的字，肯定又苦又枯燥。然而，当我真正开始上书法课，却发现事实并非如此。

我最开始接触的是篆书。上课时，老师总会先让我们提着笔尖在纸上用均匀的线条画出一个大大的棒棒糖，或者画一个交叉而成的棋盘。这件看起来像做游戏的事儿，实际

上是为了锻炼我们对毛笔的控制，使我们能够更好地运用毛笔，做到收放自如。

可是光画线条哪叫练书法呀？所以当我们渐渐熟悉了又软又有弹性的毛笔，老师就让我们开始临摹篆书的经典碑帖《石鼓文》。

《石鼓文》是先秦时期的刻石文字，作为象形文字，每一个字都特别有趣。各位可以猜一下右边这幅图中圈出来的两个字是什么字。上面的是"子"，它看起来就像一个伸着手的大头娃娃；下面的是"鱼"，看起来就像一条正在摇头摆尾的小鱼。

在我看来，写这样的字跟画画没什么两样，所以那时候我觉得写毛笔字是多好玩的事啊！虽然我根本就不认识那些弯弯曲曲的线条组成的是什么字，但这种轻松的学习方法，让我渐渐喜欢上了软笔书法。如果你们也想学习书法，我推荐从《石鼓文》的临摹开始，特别有意思。

很快，我就开始跟随老师学习隶书，临摹隶书经典《石门颂》。从《石鼓文》到《石门颂》，我发现写毛笔字其实和画画并不一样，在写隶书时，笔下的气息始终要保持稳重，线条要力透纸背，不能着急。一旦心急，写出的字就会变得单薄，也就感受不到隶书厚重的气息了。

隶书的字大多是"矮胖子"，大家经常听到的"蚕头燕尾""一波三折"形容的就是它。隶书每个字中的变化并不算大，笔画间的距离也很密，让我觉得它十分敦厚、老实。

在学习隶书的过程中，我体会到要想写好一个字，不仅要会观察字中的笔画、线条，还需要观察字中的空间和空白。从学习写隶书开始，我渐渐进入了写字的状态，可以稳稳地站在那里将力量灌注笔尖，写出扎实、厚重的线条。

从那时起，我在写字时不再想着玩乐，能把单字临摹得十分精准，但这只是写好字的最基本要求。

## ● 用心感受汉字的魅力

随着时间的推移，我接触的书体也更加丰富，从篆书、隶书到楷书、行书（下图由左至右），它们都有各自的美，也带给我不同的感受。

篆书温润圆滑，几乎没有一丝棱角；隶书像端庄却又不十分成熟的少年；楷书像个方正典雅的少女，落落大方；行书则牵丝连带，潇洒飘逸而又不失严谨，写起来颇有一番行云流水的欢快。

在书体变换的过程中，我也了解到了汉字从象形文字一步步演变的过程，感受到了古人造字的想象力和美好寓意。

比如孝顺的"孝"字，在甲骨文里，是由上面的"老"和下面的"子"组成的，"子"双手举起，作出磕头的样子，给老人请安，表示"孝敬"的意思；金文中新增了一双臂膀，像老人小心翼翼地把蹒跚学步的孩子护在怀里；篆书中小孩逐渐长大，撑起双手搀扶着年迈的老人（下图从左至右分别为"孝"的甲骨文、金文、篆书、楷书写法）。"孝"字的演化仿佛就是一幅"你扶我长大，我陪你变老"的美好画卷，你们看到这个字的时候，是不是也觉得自己在和古人对话呢？就这样边写边解字，使得汉字在我眼中更有魅力了。

所以我更加用心地练习。最开始，我只是努力把每一个字写得完美。后来我会把毛边纸叠出行和列，每张纸上要练十多个字甚至更多。原本"伸胳膊拉腿"的字就得控制住四肢，不能"打"到别的字儿。

而现在，我已经越来越领悟到通篇章法的精髓。要让字与字、行与行之间相互呼应；字数多起来以后，要做出疏密、粗细等各种变化，达到"密不透风，疏可走马"的境界；纸张的材料、颜色、内容排列的形式，也都需要考虑。

我发现，在写作品时，不仅要把每个字写精准，还需要顾及它在整体章法中是否协调。仔细一想，会发现这像极了做人的道理，我们不仅

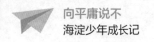
要严于律己，当处在集体中时，心中也应该装着他人。

这些年，我几乎每周都会伴着笔墨纸砚，安安静静地练上五六个小时的字。我喜欢静静地坐在桌前，手握毛笔，看着原本洁白的纸因为有了一笔笔的描绘而变得丰满。

渐渐地，我不再满足于自我享受和欣赏，我开始想影响更多的人。

## ● 传递书法文化

2017年暑假，我跟随书法老师和同伴们到革命老区甘肃庆阳进行书法支教。在他们简陋的教室里，我们与那里的同学一对一结对子，手把手地教他们写毛笔字。

记得当时我给身边的两个小朋友讲解，如何用行书写好"祥云瑞气"这四个字。他们开始特别紧张，总是怕自己写不好。我就想，怎么才能打消他们对毛笔的畏惧呢？

在给他们示范"祥"字的示字旁时，我说："你们可以把毛笔当成一只轻快的小鸟，在树林里飞来飞去，写点画时，就像突然下了一个蛋一样。"他们都被逗笑了，对用毛笔写字也没那么紧张了，写出来的字真的就像小鸟一样灵动。

支教结束时，很多人给我们写了留言。有人写道："千山围苦岭，今日落凤凰。窗外下细雨，室内飘墨香。"还有人说"我们大山里的孩子会记住你们的，

谢谢你们在我成长的道路上点亮了一盏灯！"

看到这些留言，我意识到，原来我已经在不知不觉中开始实现心中的愿望——将书法文化传递给他人。

后来，我会在春节前给敬老院的爷爷奶奶们写春联，会把书法作品赠送给来北京交流的台湾小朋友；还会通过书法表达对抗疫工作者的赞美……

## ● 写好中国字，做好中国人

2019年6月，我参加了第四届全球华人少年书法大会。当时有二十多个国家、两百多个城市的十万余人参加了初赛。很幸运的是，我进入了总决赛。

在决赛的现场，我看到每位选手书写的作品都不一样，有一个看上去很文静的小姐姐写得一手大气磅礴的行草，我旁边的一位小弟弟写了一幅稳重的隶书。能和这么多同龄人同台竞技，我觉得特别自豪。

这次书法大会的主题曲名为《中国字，中国人》，歌中唱道："写好中国字，做好中国人；写字要用心，做人要真诚……"

是啊，汉字的端正，藏着中国人的中正；汉字的想象，藏着中国人的诗意；汉字的寓意，蕴含着中国人的情感。"写好中国字，做好中国人"的意义，就在于书写方方正正的汉字，做堂堂正正的中国人。

# 18 北京曲剧，讲老北京自己的故事

◎ 赵皓岩（2024年，16岁）

想必大家都听过rap吧？也就是说唱，那您听过清朝的rap吗？待我为您唱一段：

"过了小年，心急火燎望欲穿把大年盼！想方设法东拼西凑，打发了欠债过年关！一身轻松，大大方方，漫撒花钱把年货办，备齐了年货，请门神，写下福字，买来花炮，就等着三十那一天！新衣服新鞋多体面，春联贴在大门前，祭罢祖宗吃年饭，包饺子为的是招财进宝，万事如意，家家户户有福缘。"

没想到吧？清朝人居然这么时髦，都已经玩上咱们现在的说唱了。其实，这就是我今天要讲的北京曲剧。

## ● 北京也有地方戏

最初，我也不太清楚北京曲剧是什么，算起来我与北京曲剧的初次相遇，应该是初中时看学长表演《四世同堂》。

那一天，我大开眼界。耳边响着黄包车夫的吆喝声："正阳门、东交民巷、菜市口……"这都是我身边的地方，我却不清楚它们的故事。剧中老北京胡同里带着儿化音的交流和幽默的北京俚语，再加上舞台上四合院沉浸式的布景，将我一下带回了老北京。于是，我对北京曲剧产生了极大兴趣，下定决心要加入学校的老舍剧社，学习北京曲剧。

我当时很好奇为什么叫"老舍剧社"，特意问我们当时的老师——翟亚龙导演（简称翟导），才知道北京曲剧的诞生还有一段有意思的小故事。

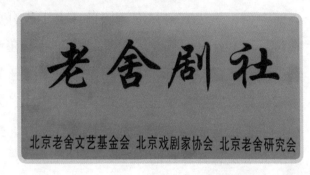

老舍剧社

北京老舍文艺基金会　北京戏剧家协会　北京老舍研究会

1949年新中国刚成立后的第二个月，老舍先生从美国回到北京。他在前门箭楼观赏了大众艺人们的表演，见他们和着最有北京味儿的单弦儿、八角鼓，操着一口京腔，想唱什么就唱什么、想怎么唱就怎么唱。老舍先生就说："咱们中国好多地方都有自己的地方戏，唯独北京没有，干脆，你们就大着点胆子，拿出点气魄来，创出个北京的地方戏，叫'北京曲剧'！"于是一个真真正正在北京土生土长的剧种——北京曲剧便这样诞生了。说到这里，大家可能会觉得："诶，你是不是把京剧忘了？"其实，京剧是清朝四大徽班进京时由南方剧种修改成的，不是北京的地方剧种。

## ● 从前不知道的北京味儿

刚进老舍剧社正式开始学习北京曲剧时，虽然我把台词背得滚瓜烂熟，唱段唱得字正腔圆。可是翟导总是说我的表演和唱腔中少了点生动和活性，显得生硬死板。我还总是出一些"排练事故"。

比如，我在剧目《正红旗下》中饰演了老舍的舅舅，他是一个正三品

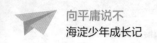

的骑兵参领，可一辈子没摸过马，只爱提笼逗鸟。排练时，我手提一个鸟笼上台，里边有一只泡沫假鸟。由于我有点紧张，提着鸟笼的手一直在抖，不知什么时候笼子里那只泡沫鸟掉在了地上。可是我过于专注台词没注意，竟"啪叽"一脚踩在了泡沫鸟身上……

翟导赶紧叫停了排练，他三步两步冲过来捡起泡沫鸟，说："你看看，手抖把鸟晃死了吧，都硬巴了！你啊，去找个公园，看看人家老北京的大爷是怎么养鸟的。"

于是后来的几天，我特地留意了家附近胡同里一位养鹦鹉的爷爷。我发现他在和熟人聊天时，是一手拎着鸟笼顶部，另一手托着底部，这样不仅省劲，鸟笼也稳定，不会乱晃。当他放下鸟笼时，经常先把手垫在笼下，直到笼底稳稳接触到地面才缓缓抽开。我看到了这位爷爷对自己所爱之物的呵护与细心，这种老北京人对养鸟的痴迷正是我表演中缺少的生动。我终于明白，要想演好曲剧，就应该去了解传统老北京人的生活。

## ● 看到了曲剧里的老北京民俗

我好像一下子找到了方向。我在剧本中圈出了所有我不理解和不清楚的词，一一向翟导请教，比如说"叫天儿"，鲁迅的《从百草园到三味书屋》里就提到了它："轻捷的叫天子忽然从草间直窜向云霄里去了。"这里的叫天子其实就是云雀。踩芝麻秸，是以前除夕时，老北京人把芝麻秸踩碎，讨个谐音口彩"踩岁"。

除了搞清楚一些北京方言，我还跟随着北京曲剧，去逛了逛北京的名景。比如我参与的剧目《正红旗下》中，有一幕是过年：

"凑热闹，厂甸必得去转一转，……看花灯，转遍了东单西四。东单西四，西四东单，东单西四鼓楼前，[唱] 看花灯转遍了东单西四鼓楼前，东单西四鼓楼前，东单西四鼓楼前。"

我就特别好奇，这厂甸和东单、西四、鼓楼前到底有什么值得逛的呢？于是我就趁着过年去厂甸逛了庙会。这趟来得真值啊。我看到几位表演者将10米长的旗杆在手中旋转、腾挪，那场面让我备受震撼。我当时也不知道这是什么，看了路边的牌子，才知道这叫"中幡"。我突然恍然大悟，诶，这个名字在我排练的剧本中出现过！"中幡、高跷、五虎棍，欢声笑语满京城。"在这之前我完全不清楚这些是什么，这时一下子把剧本和眼前活生生的生活连在一起，我竟然看到了从清朝传到今天的老北京庙会经典项目。

除此以外，这个唱段里的高跷，还有集戏剧与武打于一身的五虎棍，我也都在庙会看到了。原来这些剧本中记载的习俗并没有消失，它们就在我身边。只是之前我没有去主动了解过，所以在面对京味儿十足的北京曲剧时才显得手足无措。

看到这些生活中的俗语和习俗后，我对表演也有了新的认识。踩芝麻秸不再是在地上瞎蹦跶，而是要跟着节奏，专门表演"踩"这个动作；在戏里唱"厂甸必得去转一转"，我的眼前好像出现了热闹拥挤的厂甸庙会。就这样，我也逐渐获得了崔导的认可，他说我的表演中终于有了京味儿。

## ● 小"明星"的快乐

2021年12月5日，我们的北京曲剧《正红旗下》首次公演成功。我站在谢幕的舞台上，掌声响彻了整个剧场。重新回到学校之后，我体会了一把小"明星"的感觉。走在学校操场上，总有同学突然一脸激动地跑过来问我："诶，你不是剧里演那个谁的同学吗？我记得你！"

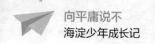

演出结束后，我在很长的一段时间里都无法从戏里走出来，惹出了不少麻烦。比如说几个月内我都没有改掉见人打招呼先"呦"的毛病，以及经常在半夜忍不住放声唱戏，招致爸爸妈妈的暴跳如雷："赵皓岩，多晚了你知道吗？"当然，我对曲剧的热爱也包括我在"未来少年"的舞台上和大家分享我和北京曲剧的故事。

## ⑲ 故乡的年

◎ 黄宴清（2024年，16岁）

我从小在北京长大，每年就只有寒暑假，尤其是过年的时候，才有机会跟父母一起回一趟故乡。对于童年时期的我来说，回老家简直就是一年中最让人期盼的事情。

"乡愁"这个词，对于我这个年龄阶段的人来说好像很奢侈，但我对故乡有一种说不清道不明的情。这种情感在我心中最直接的体现，就是对家乡美食热切的爱，比如我的心头好——瓦罐汤，还有我喜欢的豆参和萝卜丝，用它们制作的酱汁菜吸饱了汤汁，放进嘴里，就会感觉那味道比肉还香，简直让肉都成了配角。

这些味道用我的老家话来说，就是"吃出了一头的汗"。这是由于我们吃了热腾腾的美食的缘故，也正是我们那一方人对美食最极致的注解。

这么一说，想必大家都知道了——我的家乡就是江西，确切来说，只是鄱阳湖和景德镇之间的小小一隅，都昌县左里乡下涂芙蓉黄村。

## ● 充满年味儿的家

2024年寒假，我也回了故乡过春节，这绝对是家乡气息集大成的时刻。在大年三十的下午，我们会贴上春联，这是从来都没有被打破过的规矩。

我很好奇为什么要这样，就去问了我的爷爷。爷爷告诉我说，这是因为过去的传统是大年三十的上午要把过去一年的债全部还完，等到了下午，就能安安心心、欢欢喜喜地过大年了。

下午天还没黑时，家家户户的厨房就开始忙活起来了。在老家，往往是我厨艺精湛的姑姑们围着灶台忙前忙后。我总是非常纳闷，为什么老家的饭菜比我在大城市吃的饭菜好吃那么多呢？然后仔细想了想，觉得这一定是老家大肚灶台的功劳。

要用大肚灶台做饭，一定是一个人负责掌勺，一个人负责烧火添柴。只有两个人配合默契，才能保证锅里的菜熟得恰到好处，让全家大的、小的垂涎欲滴。

趁着这个工夫，爷爷开始给我们"补课"了。他告诉我们，年夜饭有它的专属仪式感。比如所有房间的灯整个晚上都得亮着；年夜饭开始之后，大（正）门就不能再开了；掉在地上的东西也不可以捡……

这些规矩打眼看上去，让人觉得有点摸不着头脑，但其实都有各自的道理。

我来为大家揭晓一下谜底。灯不能关是因为"年"兽怕光，如果整个晚上都开着灯，就可以赶走"年"兽，也可以赶走下一年的厄运。不开正门是因为老家的正门有一种专门的用途，是用来迎接客人的。正门一关就相当于告诉大家，我们家已经阖家团圆、人丁兴旺了。这个时候开正门，按照爷爷的说法是"会漏掉一些福气"。不捡掉在地上的东西，爷爷说这样"明年可以招财进宝"。

这些都是老家的一些习俗，也正是老家过年的乐趣。

所有的灯都亮起来之后，我们也就不再出正门了。这个时候，爷爷和大伯会在正堂摆好生牛肉和生鸡肉，他们要面向门外，祭拜天地和列祖列宗，祈祷明年能够风调雨顺、五谷丰登，也希望他们继续保佑我们。等到大人们举行完祭祀天地的大礼之后，大门关上，年夜饭就正式拉开了帷幕。

## ● 故乡的特色点心

整个晚上，厅堂里、饭桌边总是热热闹闹的。除了春晚，还有孩童们嬉戏着抢米糖的笑闹声。

我们当地做米糖的步骤是：首先用文火将麦芽糖化成黏稠的橙色液体，等到它吐出一个一个大泡泡的时候，再将熟的黑芝麻还有爆好的米一起倒入锅里，和麦芽糖一起搅拌，然后再拿出来一点一点地揉圆、压扁，一个一个糖饼就做好了。

做芝麻糖的时候，我们会边做边吃，特别是小朋友们会趁着这个时候多吃几口软软热热的芝麻糖。这个时候芝麻糖还没有晾干，在口里稍微咬一下，芝麻的香气就会溢得满嘴都是。

老家的年夜饭中还有一种必备的点心，就是米粑。只要有一家做米粑，街坊邻居都会一起聚到他家里帮忙。大家可以看看我们的劳动成果，米粑们都排排坐在可以将整个灶锅盖住的大蒸笼里面。

蒸笼里有两种米粑，一种是饺子粑，我最喜欢吃的则是另外一种米粑，故乡的印子粑。它是用老家一种特有的野菜和米粉揉在一起制成的，吃起来有一种独特的清香。

做印子粑的时候，我常常和爷爷并排坐着，听爷爷讲他跟印子粑木头模具的故事。爷爷以前是木匠，这些模具都是由他亲手制造的。在我做粑的时候，爷爷总是跟我讲解每一个模具背后的意义。比如中间带着一个小花图案的模子，就是家乡婚庆会用的粑印，中间那圆圆的花心正好可以用筷子点上一个红点，在婚庆时吃它，总是感觉格外喜庆。

## ● 我们人生的底色

我喜欢关于家乡的记忆，喜欢这些热闹而又富足的时刻。如果让我接着讲，我可以一直非常欣喜地讲下去。但随着我慢慢长大，一个16岁少年心目中的故乡好像变了。

就像我可爱的爷爷，他的皮肤还是那么黝黑，他脸上的皱纹还是那么多。但是站在他身边细细看，就会发现他眼中好像蒙上了一层薄薄的纱雾。爷爷以前是一位出色的木匠，但现在他也不常去拿起那些他喜爱的木雕了。

当我再像一个孩童一样向他撒着娇，让他给我做一根鱼竿的时候，他也不会像以前那样爽快地答应。现在他只是微笑着，要把他手里的红包塞进我已经攥成拳头的手心里。他告诉我，这些是给我用来买一些小玩意儿的零花钱，来弥补我心中的遗憾。

当我终于下定决心，跟爷爷说想向他学习做故乡的木纹的时候，他也只是满怀留恋地去轻抚那些木纹，说他这几天眼睛有点花了，手也有些不得劲。等到他好些了，一定要做给我看。

但自从听爷爷这么说完之后，我也不敢常常向他提起。这不免使我联想到，如果有一天爷爷不在了，那家乡的仪式感何在？我该向谁询问家乡的礼仪和习俗？家乡的美食手艺还会有吗？那些乡音又是否还能听见呢？如果我的后辈问我这些问题，我是否可以耐心地解答呢？

我仔细想了想，我觉得到时候我可能能应答如流。但如果仅仅是回答，这不是我想要的答案。我尝试着用自己的方式，记录着故乡的一切，比如故乡的一些习俗和我的一些收获。

比如，我已经学会了如何去做故乡的米粑和芝麻米糖。在2024年的元旦，我也和同学分享了我做的米糖，并收获了大家的一致好评。

今年我最大的收获就是，我去田地里和大人们一起劳作，还学会了不用看植物的根，就能直接分辨普通小草、小蒜（江西地区常吃的一种特色野菜，也叫野葱）、大蒜还有葱，成就感满满。

在去年的国庆节期间，我还学会了如何去晒桂花、做桂花茶、酿桂花酒。我也在晒箩中间用红色的丹桂、金色的金桂摆成了五角星的形状，以自己的方式庆祝了国庆节。

这让我获得了很多点赞，评论区也炸开了锅。同学和朋友们纷纷表示想跟我一起到老家过传统节日，体验一下老家特有的习俗。当然，我也答应了大家。

我一直以自己的方式记录着家乡的一切，表达着我对家乡的一些特殊的情感，但我总觉得这些情感表达不到位。直到我读到了沈从文先生的一句话："家乡的一草一木、一牲一畜、雨丝风片，都是我们人生的底色。"这句话一下就戳中了我的心窝，我觉得这就是我想说的。

我平常都是在都市里生活，这里有更多让我得以成长的变化和机会。但如果我在成长的过程中，能够沾取几分家乡草木泥土的芳香，那便是再好不过的事了。

第三篇

# 学生时代也可以拥有
# 多姿多彩的生活

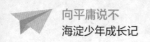

# ⑳ 守住"冰球之门"

◎ 陈禹含（2024年，14岁）

很多人不太了解冰球，冰球作为一项团体运动，跟足球非常类似。参赛队伍都是由队员和守门员组成的，把球打进对方球门就会得分，得分多的获胜。只不过冰球是在冰面上进行的，一支队伍由五名队员和一名守门员上场比赛。冰球运动员全副武装，手持球杆，每组五名队员在场上拼杀一分钟左右就立刻进行轮换，以保持高速的攻防对抗。

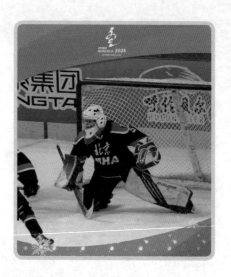

冰球守门员对球队非常重要，在冰球运动中流行这样一句话："守门员能顶半边天。"为什么呢？因为守门员作为最后一道防线，他的技术直接关系到球队的防守质量。守门员不仅心理素质要好，身上的装备也更重。

## ● 用努力证明自己

2017年初，伴随着北京冬奥会申办成功的消息，7岁的我也开始了"守门儿"的生涯。当时有一个队伍缺守门员，于是教练就本着"有总比没有好"的想法，把仅有5个月球龄的我"塞"进了这支队伍。

刚开始我非常胆怯，因为队友都普遍比我大一到两岁，很多人都有三四年的球龄。第一次训练课的时候，我就遭到了他们的质疑。我听到他们窃窃私语："这个守门员是个小不点儿，还是个小姑娘，她会守门儿吗？"

当时的我还比较社恐，不太爱说话。面对这些"高手"们的质疑，我选择沉默。但我暗自下决心：一定要通过努力来证明自己的实力。于是我就开始了刻苦的训练。每天放学后我都会去冰场上课，认真学习每一个动作。不到一年，我的球技就突飞猛进，并在当年的全国贺岁杯中证明了自己。

贺岁杯小组赛上，我发挥非常稳定，以全胜的战绩助球队顺利打进了分赛区的冠军争夺战。我的表现也赢得了队友们的认可。但是在决赛中，我们遇到了强敌。比赛非常激烈，比分也非常胶着，最后一分钟的时候，我们以4：3的比分微弱领先。这时候对手已经急了，他们在门前疯狂围攻，试图进球，作为守门员的我聚精会神、严防死守、毫不畏惧。

可是，就在比赛还有一秒钟结束的时候，对方后卫一个大力远射，球打在我身上后，又弹到了球门另一侧。这时候比赛结束的钟声响了，而对方球员在钟声响起的那一刻，补门打进了。观众席和替补席都沸腾了，我方观众都认为是我们获胜了，而对方却以为他们最后一刻扳平了比分。这一刻我突然感觉到特别的紧张，就在我忐忑不安的时候，队友们都跑过来安慰我说："这个球是秒停了才进的"。最后裁判通过看回放，一致认为进球无效。我们艰难地夺得了冠军。

通过这次比赛，我这个冰球"菜鸟"成功地赢得了教练和队友们的认可。我和队友们也成了真正的好朋友。

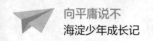
## ● 转行风波

2021年，是我成为冰球守门员的第五年。五年来，我的守门技术有了很大的进步，我参加了很多场比赛，分别帮助俱乐部队、校队、区队和市队赢得了很多冠军。一系列荣誉的取得，让我有些膨胀。

在一场非常重要的选拔中，虽然初赛我的总成绩排第一，但是在复赛中因为轻敌，我意外落选了。加上即将升入初中，我面临作为守门员无球可打的局面。但是五年的冰球生涯已经让我彻底爱上了这项运动，经过和爸爸妈妈商量，我决定放弃练了五年的冰球守门员，改练队员。

于是在2021～2022年，我又成了一名冰球队员。和守门员不同，队员可以满场飞奔，充分释放激情。由于有守门员的基础，我在门前拉杆射门方面竟然有惊艳的表现，并在多次比赛中进球，这让我获得了极大的满足感。

然而，转机又出现在2022年的夏天，连续两年停赛的全国U14女子冰球锦标赛终于要举办了。比赛还有一周就要开始了，可是北京U14唯一的守门员却在赛前训练中受伤，无法上场了。

没有守门员肯定无法参赛。于是教练找到了我，问我还想不想当守门员。当时我非常犹豫，一是因为之前受到的挫折，二是因为这次比赛所有的队员都比我大，我怕守不好。

在教练的鼓励和队友的期望之中，我决定放下心理包袱，重新穿上守门员的装备。因为我当时才12岁，不符合参赛规则，经过领队与赛事组委会的反复沟通、协调，我终于获得了参加比赛的资格。

比赛中，我迅速找回了守门员的状态。因为有当队员射门的经验，在比赛中我信心大增，以稳定的发挥，成了所有参赛队守门员中数据最好的一个。最终北京女子冰球队第一次获得了全国U14女冰锦标赛的冠军，我还被评选为赛事最佳守门员。

这次比赛，让我下定决心回归我的老本行，从此要当好一名冰球守门员，守住我的冰球之门。

● **挫折与成长**

时间来到了2024年初，第十四届全国冬季运动会在内蒙古呼伦贝尔举行。这是一场规格非常高的比赛，国内所有高水平的冰球运动员都会参加。刚刚十四岁的我，也作为北京青年女子冰球队的首发守门员参赛。

北京青年女子冰球队是国内冰球队的后起之秀，与其他冰球"专业队"相比，我们队是由"学生军"组成的。即，包括我在内，北京青年女子冰球队的球员都是在校学生，我们利用业余时间训练和比赛。因为平时训练时间少，而且分散，队员配合并不默契，体能也不如对方，虽然有几名队员的技术很好，但是并不能给对方造成威胁。很快我们的不足就在小组赛中暴露了出来。最终在小组赛里，我们0：3输给了夺冠热门的对手。被打进了三个球，我非常难过，觉得因为自己的原因，让球队输了比赛。

赛后，教练和领队立刻给我们开会，教练并没有批评我们，而是鼓励大家，让我们放下心理包袱。因为我们的实力不如对方，所以输球很正常，大家发挥出正常水平就是胜利。之后，教练带着我们反复观看比赛视频回放，找出比赛中的每一次失误并提出改进办法，研究对方每一名球员的特点。四天后，我们又和他们相逢在了最后的冠亚军决赛中。

当天，决赛现场坐满了观众，气氛异常热烈。

比赛第一节，双方就展开了激烈的攻防大战。我专注比赛，多次守住了对方的危险射门。前两局，我们3：0领先对手。对方球队开局不利，队员们开始急躁，频频出现失误。我们的教练立刻抓住机会，重新布置战术，要求队员快速压上，全力进攻。这一战术立刻取得了成果，我们在五分钟内连进两球，取得了完美开局。第二节比赛，我们并没有保守，而是利用对方急于扳平的心态，在中场展开了阻击。并在第二节快要结束的时候，再打进一球，以3：0的比分进入第三节。

第三节，对方球队一开局就疯狂进攻，我方的球门前险象环生，第五分钟的时候，我们的一名球员因为犯规被罚下场2分钟，对方利用五打四的优势，成功打进了一球。

面对这次丢球，我并没有慌乱，而是在教练和队友的鼓励下积极调整心态，专注于比赛，并连续成功封挡了对方多次进攻。随着最后十秒钟观众的高喊倒计时，比赛的钟声响起，我们赢了，北京青年女子冰球队首次获得了全国冬运会的冠军。所有的队员全都扔掉了球杆和护具，朝我飞奔而来，我们激动地拥抱在一起，庆祝我们的胜利。

这就是我的冰球故事。7年的冰球生涯，我经历了大大小小600多场比赛，也让我在14岁就成了一名身经百战的冰球老将。

相比于同龄人来说，我认为我是非常幸运的。因为我可以在努力学习的同时，还可以坚持自己热爱的体育运动。希望未来，我可以通过自己的努力，代表国家出战，站在世界的舞台上。

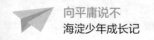
# 21 遇见垒球

◎ 辛雨菲（2024年，14岁）

垒球如今已经陪伴我度过了八年的时间，带给了我无数欢乐、泪水以及成长。

## ● 初遇垒球

我第一次接触垒球是在小学二年级，那时候学校的各个社团都在招新。面对各种各样的社团，我很犹豫，不知道该选哪个。在这之前，父母秉持着全方位发展的理念，让我学过舞蹈、合唱、绘画等，但后来这些项目不是因为我的音乐感觉太差，就是因为我实在坐不住而半途而废了。

正当我在犹豫报舞蹈还是合唱社团的时候，父亲却鼓励我报名棒垒球社团，他说体育运动符合我好动的天性，我最终接受了父亲的建议，抱着试试看的心态报名参加了棒垒球社团。没想到，这一试就是八年。

说实话，起初我并不是很喜欢垒球，因为每天我们都在重复练习接球和传球这些基础的动作，又累又无聊。虽然现在明白了不论是什么体育项目都需要打好基本功，但那时我还小，根本无法理解父亲所谓的"有意思"在哪里。几乎每半个月，我就会嚷嚷一次要退出社团，但是社团只有到新学期才能变更，我也只能硬着头皮继续练下去。

没想到社团还没换，转机倒是先来了。教练给我们报名了北京市体育传统项目学校垒球比赛。虽然我们当时才练了几个月，规则都还没搞明白，还是一群连基本功都没有打扎实的菜鸟，但是教练还是决定带我们去见见世面，学习学习。

第一次参加正式比赛，我跟社团的小伙伴们一样，又紧张又兴奋。垒球的比赛规则很复杂，好球与坏球、封杀与触杀、界内与界外等都有相当复杂的规定。当时的我们基本不懂这些规则。每次比赛，教练都在场边扯着嗓子喊，指导我们应该往哪里跑，什么时候跑。我们在教练的指挥下奋力奔跑，虽然场面一度非常混乱，但就是让人觉得很好玩，很有意思，跟平时训练的感觉完全不一样了。特别是，每当我全力奔跑为队伍赢下一分时，集体荣誉感和成就感都令我无比兴奋，我第一次领略到了这项运动的魅力。

## ● 和队友一同成长

步入初中以后，我加入了学校的垒球队。因为我已经有四年的练习基础，教练就让我担任主力投手。由于很多队友刚刚接触这项运动，所以比赛过程中经常会有失误的情况，这让我非常着急，觉得这个球明明这么简单，为什么会接不住，为什么接不好。所以每次看到她们接球，都忍不住冲过去帮她们接。久而久之，形成了习惯，导致每个位置的球我都想去接。后来教练发现了这个情况，找我谈了一次，他说："垒球是九个人的运动，你一个人是无法取胜的"。当时我大概能明白他的意思，但是看到队友接不住球的时候，我仍然忍不住要去接。这种状态一直持续到我们参加全国第二届青年运动会。

这是我们第一次参加全国性的比赛。来自全国各地的32支队伍一起竞争。跟其他队伍比较起来，我们的实力相对较弱，所以每场比赛打得都很焦灼、很紧张。在一场和上海一家俱乐部的比赛中，一个简单的球朝着我右后方的队友飞去，当时她只要往前一步就能接到球，但我抢着接球的毛病又犯了，拼命想自己去接。我们俩都往前冲，结果就撞到了一起，谁也没接到。本来是一个非常好的把对手封杀出局的机会，却被我搞砸了，我既愧疚又懊悔。

那场比赛之后，我痛定思痛，下决心一定要改变这种情况，努力学着去信任队友。在平时的练习中，开始有意识地给队友制造接球的机会，帮她们提高接球技巧；也经常练习和她们打配合，培养团队默契。慢慢地，我们队在比赛中配合得越来越好，在后来的比赛里也拿了不少奖项。

## ● 体会垒球运动的真谛

2023年暑假，我们组队参加全国垒球锦标赛。这次比赛可以说强队林立，很多选手来自各省的体校，以后都有可能被选拔到各省的专业队伍。所以第一天我们很不适应，一连输了两场。这让我们非常沮丧和懊恼，教练鼓励我们要把握好这个学习机会。

　　每天晚上我们都会开会，反复观看比赛录像，复盘白天的比赛，大家围坐在一起，分析和讨论对手的战术和配合，学习和观摩优秀队伍的思路和技巧，再讨论第二天的备战方案。短短九天时间，我感觉自己不管是心态上、技术上，还是在团队配合方面，都得到了飞速的成长。这次比赛，我们虽然没能拿奖，但是这一场场失败给我们带来的经验和收获，却是无价的。

　　从全国锦标赛回到北京后的第二天，我们又代表海淀区参加了北京市的垒球锦标赛。经过了全国锦标赛的历练，我们队有了非常大的进步，一路杀到了半决赛。

　　在半决赛的最后一局，比赛也进入了白热化，我们与对手的实力旗鼓相当，咬牙坚持的一方才有可能取得胜利。

　　就在这个紧要关头，教练提出要采用牺牲触击的战术，简单来说就是让我作为诱饵吸引对手的注意，这样我的队友就能趁机得分。当时我其实是有些抗拒的，一方面，我不知道这个战术能否成功，因为在这之前，我们从来没有在比赛中真正实施过牺牲触击；另一方面，我也不想作为诱饵被牺牲掉，我想继续站在场上比赛。但就算内心有一百万个不愿意，我也按照指示做了。

非常幸运，我们成功了！更令我意外的是，当时我并没有因为自己出局而失落，而是由衷地为团队取得至关重要的一分感到激动和开心。

最终，在这场比赛里，我们获得了第二名的好成绩。

回顾我与垒球的八年时光，我真正体会到了认真投入做一件事的快乐和满足，也学会了如何与队友互相信任、紧密合作，更明白了失败的价值和牺牲小我的意义。在未来的日子里，我会继续热爱这项运动，与队友们一起努力、一起成长！也很高兴能把垒球介绍给大家。

# 22 用镜头记录生活的细节

◎ 侯昕妍（2019年，17岁）

## ● 《楚门的世界》开启了我探索电影的大门

我是一名狂热的电影爱好者。初二的时候，我看了一部电影，叫作《楚门的世界》。在这部电影中，主人公楚门看起来就和普通人一样，但是他总是会经历一些稀奇古怪的事情。比如雨水只会下到他一个人的身上，或者走在路上的他会突然看到自己去世多年的父亲。这些事情的发生让他一直处于困惑当中，直到有一天，他发现身边的亲人、朋友全都是演员，而他只是一部大型真人秀的主角。后来楚门冲破了重重阻碍，逃离了这个虚拟的世界，去寻找真正的自我。

这部电影时长只有约100分钟，它却深深击中了我的内心，引起了我很长时间的一段思考：我会不会也生活在这样一个虚拟世界里？我会不会也被5000台摄像机监视着？我会不会也是一个任人摆布的提线木偶？直到现在，我还能感觉到这部电影带给我内心的冲击。

更有意思的是，这部电影摄制于1988年，也就是说，30多年前，导演彼得·威尔就已经预料到真人秀节目会广受欢迎。

从那以后，我就好像楚门一样，推开了一扇门，走入电影的世界里无法自拔。起初我只是大量地看电影，看多了觉得不过瘾，就开始学习如何拍摄和剪辑。

按我妈妈的话说，那时的我两耳不闻窗外事，一屁股坐到底，不是在看电影，就是在剪视

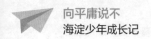
频。当然在这个过程当中，一直有一个想法在我心中蠢蠢欲动，那就是自己拍一部电影。

## ● 中学生电影比赛为我提供平台

高二的时候，北京市举办了一次中学生电影比赛，比赛的主题叫作"改变"。对于我来说，这次比赛就像枯木逢春雨，我想，如果能通过自己的一部电影来改变周围的一些想法、一些事，那多酷啊！

可是拍什么内容呢？我注意到身边有这样一种现象：有一些同学，他们喜欢互相攀比，甚至有意无意地嘲讽别人。我一直对这种现象很排斥，所以我希望通过电影让人们关注这种现象，并希望它得到改变。

在写剧本初稿的时候，我尽可能还原我所看到或者是想象到的场景。可当我自信满满地把剧本交给指导老师的时候，他却问了我一句话："你真的了解这个群体吗？"

那一刻我突然意识到，电影不能仅仅去记录，更不能因为自己的想法而片面地给出定论。

## ● 走近炫富群体，探寻背后真实原因

青少年炫富和攀比行为背后的真实原因是什么？我想通过这部影片表达什么？这些我都没有认真而深入地思考过。于是我开始走近这些同学，尝试着和他们进行交流，去体会、了解他们的心理。

当时，我的父母和同学很不理解我的做法，他们质疑我为什么要在高中这么紧张的阶段去做一些与学习无关的事情。但我知道，我想表达内心想法的方式、方法可能并不成熟，影响力也不会很大，但我越观察、越了解，我就越认识到，我所看到的并不一定就是真实的。

我曾对十多名家长进行采访，发现他们中的大多数都遇到过孩子提出过分要求的经历，而且往往当这些要求不被满足的时候，一场家庭大战就爆发了。我还了解到，在爱攀比、爱炫富的青少年群体中，有的同学是因为受到父母离异的影响而缺乏安全感，还有的同学是因为受周围同学炫富的影响而感到自卑。很多同学都觉得，父母根本不了解自己在想什么，而他们自己有时也不知道到底想要什么。

他们的故事各不相同，但都选择通过追求名牌，向别人炫耀的方式来弥补自己内心的缺失。

慢慢地，在了解到他们的故事以后，我不再是从前那个冷眼旁观者了，更像是与他们共存的统一体。

## ● 什么是真正的富足

我开始改变自己的想法：也许炫富不是一个问题，它更像是我们成长过程中一个小小的偏差，就像其他成长过程中发生的偏差一样，我们需要过来人的理解、帮助，让我们能感受到爱、温暖和力量。

在之后的创作中，我尽可能地从理解的角度出发，将镜头对准他们的心理变化。我没有展现什么是炫富，而是去探讨什么是真正的富足。

在这部影片中，主人公李雷的父母早年离异，爸爸只负责每个月给他800元的零花钱，除此之外，他们便再无交流。妈妈呢，是一个纯朴老实的人，面对儿子一再的无理要求，她依然不愠不怒。

后来，李雷经历了与同学大打出手，自己炫富被戳穿，得知同学家中出现变故等一系列事情，他终于看到了自己内心的需要。温暖的亲

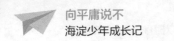
情、真正的友情让他看到了什么是真正的富足。

## ● 影片带给我们的不仅仅是奖项

这部影片获得了北京市以及全国微电影节的一些奖项，但是它带给我的远不止于此。

当我看到团队中朋友们手捧着奖杯，笑得合不拢嘴时，我想起了大家抱团取暖，互相鼓励的经历，那时我想，我们吃的苦、受的挫、遭的不解，根本不算什么。

当我回到学校后，一群初一初二的学弟学妹跑到班里来找我，他们说："学姐，我们想跟你一起拍电影。"看到他们的那种兴奋劲，我就好像看到我自己。

当时说我不务正业，极其不支持我拍电影的父母，也一天到晚拿着手机看我拍的电影，恨不得看八百遍。

当看到学校的公众号不断对我们此次创作进行报道时，我备受鼓舞，更感动于那么多的同学、老师和学生家长对我们的支持。虽然这部影片已经拍摄完成了，但是关于它的话题讨论依然没有结束。

有一位学校的心理老师借这部电影展开了青年人如何撬动梦想的探讨。也许现在许多父母都觉得让孩子未来找一份安逸的工作即可，但是我们可能更需要一份梦想。

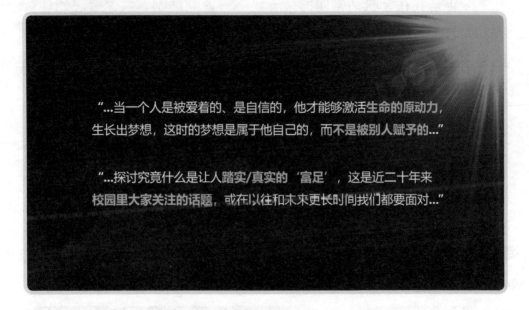

"...当一个人是被爱着的、是自信的，他才能够激活生命的原动力，生长出梦想，这时的梦想是属于他自己的，而不是被别人赋予的..."

"...探讨究竟什么是让人踏实/真实的'富足'，这是近二十年来校园里大家关注的话题，或在以往和未来更长时间我们都要面对..."

校长也提到，近20年来，学校也一直非常关注"青少年炫富"这个现象，而让同学们思考如何树立正确的青少年价值观，是未来大家要一起面对的问题。

我非常享受电影给我上的这堂课，也是从那时候开始，我变得更加关注生活的各个细节、各个角落。

未来，我要继续扩展我的视野，扩充我的知识，充实我的内心，通过电影这一我喜爱的方式，将世界的更多可能性呈现给更多的人。这就好像在他们心中种下一颗颗种子，待其绽放。

# 23 我与话剧有个偶然的开始

◎ 邱菲洋（2019年，16岁）

## ● 角色落选，上了生动一课

今年是我在金帆话剧团的第五年。一说到话剧，大家会想到什么呢？人艺（北京人民艺术剧院）、绕口令或者是莎士比亚？我不确定，因为一千个人心目中有一千个哈姆雷特，但是我能肯定的是，话剧给予我的印象和影响，绝不仅仅如此。

我跟话剧有一个很偶然的开始，记得上小学一年级的时候，我本来报名加入了合唱团，但因为唱歌老是找不着调，被老师委婉调离了合唱团，阴差阳错地进入了话剧团。

第一次接触话剧有几分好奇，但后来便是一发不可收了。所以在2015年刚上初一的时候，我想当然地凭借自己在小学混得风生水起的话剧资历加入了学校的话剧团，并抱着直奔女一号的心态参加年度大戏《知己》的选角。

我到现在都记得，第一次在人艺的首都剧场参加《知己》角色选拔时的场景。我们二三十个女生，齐刷刷地站成一排，为的是竞争仅有的4个名额。

"先生，您的酸梅汤"，这是我当时竞争角色时的台词，我当时觉得自己喊得挺好的，但没想到，最终连个小丫鬟都没有选上，导演让我去反串一个侍卫。

我一出门就哭了，心理落差特别大，再加上我当时有特别沉重的偶像包袱，不想去演一个灰头土脸的小侍卫，干脆打算不去参加排练了。后来导演察觉到了我的消极情绪，跟我说了一句话："没有小角色，只有小演员。"

这是我第一次听到这句话，此后它伴随了我5年。导演还跟我说："谁不是一步一步走过来的呢？有很多演员跑了一辈子的龙套，无名无姓，还不是因为热爱，继续干下去了。"

所以第二天，我还是坚持加入了剧组，跟着大家一起读剧本，分析剧本，看人艺原版视频，想着演不了戏，也能学习一些别的知识。

就这么没名没姓地待了十几天之后，导演突然告知我要设立B角，我觉得自己的机会来了，可是因为上一次的惨痛经历，我之前那股子不知道哪儿来的自信没有了，一直面试到女四号的时候，我才鼓起勇气上去试戏，没想到最终拿下了这个角色。

我到现在都深刻地记得，那个角色叫寒花，一共有14句台词，正是因为前期的坚持和不放弃，才让我得到了来之不易的机会，这是我在话剧团里上的第一课。

## ● 撰写人物小传，接受重重挑战

"炸弹，炸弹就落在离我们房门口大约15米的地方，天知道我们怎么没有被炸成碎片。"这是我在短剧《任公和他的儿女们》中的一句台词，我在剧中饰演的是林徽因。

在准备这个角色的时候，我做了很多的功课，包括林徽因的人物小传，当我在翻看自己写的林徽因人物小传时，不由得再一次想起了在《知己》时的故事。当时，我争取到角色之后，挑战才刚刚开始。

第一项任务就是写人物小传。人物小传要求我们站在角色的角度，用笔书写他的人生，表达他的情感。我当时特别抗拒写人物小传，因为我想平时学校作业就够多的了，还要应付话剧团的作文，就随便应付了事。

老师收到我的人物小传之后，我特别忐忑，但是老师没多说什么，只是给我看了一篇上届话剧团同学写的人物小传，有两千多字。从人物的出

生到死去，从人物的家庭背景到人生追求，文章写得行云流水，特别流畅，我以为是出自主演之手。

没想到老师告诉我，这位同学饰演的是一名德国兵，出场仅三十几秒，没有一句台词。也许台上短短几秒展现不出这么丰满的人物性格，但这正是话剧所教给我们的严谨、认真的态度。只有做好充分的准备，有足够强大的心理支撑，才能够更好地诠释人物。

剖析人物是话剧中必不可少的一步，然而还有比这更重要的事情。比如说我们有一次排清朝的戏，学校在一瞬间多出来了好几个"卤蛋"。我们的主演为了节省化装时间、贴近人物形象，就索性剃成了光头。

再比如只有一句台词的小群演，他因为尽心尽责地陪练，记住了所有人的台词，成了一个活的提词器，被大家亲切地称为"王导"。

再比如我们会有抢装的环节，抢装是什么呢？抢装就是在特定短暂的时间内，完成下一套服装的转化。

我们有一场戏，需要在1分钟之内完成三四层冬装向夏装的转化，所以演员一下侧台，就会有一群人冲上来扒他的衣服。然而这个简单的扒衣服，我们为了确保演出当天万无一失，在台下练了不下20遍。

台下无数次的推敲琢磨，仅为台上的一朝绽放，也许这就是话剧艺术的精髓之所在。

## ● 戏比天大的团魂，全然不同的人生

记得刚加入话剧团的时候，我天真地认为，站在台上、穿着好看的衣服，收到最热烈的掌声和最鲜艳的花就是我的个人追求。其实不然，在后来，我看到了那个戏比天大的团魂，看到了所有人为着同一个目标共同努力的劲头。

有一场戏是很紧急、很紧迫的状态，我当时不是演得太亢奋，就是演得太冷静，一直找不到感觉。导演一直不满意，我觉得因为自己的原因拖慢了整个剧组的进度，特别自责，也特别无助。

后来导演跟我说，你出去跑两圈，冲进来直接开始演。我照做了，一下子气息、节奏都找到了。在这期间，同学们也靠鼓掌为我营造一个紧张的气氛，帮助我找到戏剧节奏，他们没有一句抱怨，没有一句指责，只有对话剧单纯的热爱与尊重，这种感觉是很美好的。

我们还有一些同学，可能会因为入戏太深而走不出来。比如说一位同学饰演的是茶馆中的王利发王掌柜，他把人物的形象、神态、动作都融入自己的身体中，以至于演出结束以后，他还一直保持着一跟人说话就端着手、弓着腰、点着头。大家都说，他因为演了一场戏，直接步入老年生活了，足见他平时对人物的钻研。

教师进修附属实验学校的金帆话剧团是我所钟爱的家，因为热爱，所以坚持；因为热爱，所以愿意守护。我真的没有办法想象，如果我当时没进话剧团，我会是怎样的一个人。都说人生如戏，我也在戏中看到了人生。

如果不是《这里的黎明静悄悄》，我也许不会知道苏联女兵催人泪下的故事和遭遇，不会近距离地感受战争的残酷；如果不是《知己》，我也许不会感受到文人风骨，不会真正开始思考什么是"知己"。

在金帆话剧团的成长历程中，我们的表现力、理解力、想象力都被老师、被艺术本身无限地激发着，我们被引领着自我感知、自我挖掘，然后去更好地生活，我们是在学艺术，我们更是在学生活。

这就是我和金帆话剧团的故事，希望有更多的人在听完我的讲述之后，可以走近话剧，了解话剧，爱上话剧。

# ㉔ 一个"社恐"话剧爱好者的自我修养

◎ 方政云（2023年，16岁）

我小时候是一个特别"社恐"（社交恐惧）的人。社恐到什么程度，简单来说就是小学老师教了我一年，仍然经常性地把我忘了。于是，我家里人就开始一致来对付我的社恐问题。

不知道大家有没有经历过这样的场景，一家人去饭店吃饭，菜点多了没吃完。每当这时候我就开始紧张，因为剩了菜，就意味着我待会儿得受家人的派遣，去找餐厅的工作人员，通过口语交流的方式，获得一些塑料制品，简单讲，就是要打包袋。

而家长要我这么做的目的，美其名曰"锻炼我的胆量"。但是我每次去要打包袋的时候，眼看服务员就在面前了，心想："算了，人家看着也挺忙的，一会儿再说吧。"便又转身回去了。

经过家长数年的不懈努力，我终于养成了一个好的习惯，吃多少点多少，从根源上解决问题。

至于社交，那不在我的考虑范围之内。

## ● 与话剧的初相识

就这样到了六年级，当时学校要排毕业大戏，是老舍先生的《茶馆》。按理说这事跟我不会有半毛钱关系，可是我莫名其妙地接到了去参加海选的通知。

我本来想跟老师说自己就不去了，但每回都走到办公室门口，一想："老师看着也挺忙的，一会儿再说吧。"便转身回去了。就这么拖着拖着，把自己拖进了剧组。

进了剧组我也不敢说话，人家都是打了鸡血似地竞选角色，就我坐在一边看戏。导演最后给我安排了一个"重要"的角色，叫"茶客癸"。为什么叫这个名字，因为甲乙丙丁戊己庚辛壬癸，我在龙套里也排在最后一位。

整场戏唯一的技术要求就是得有两条腿，在主角上场的时候，要及时地给人家让座，让完座就下台等着谢幕了，从头到尾嘴都不用张一下。不过可能是因为没有台词的原因，我上了舞台倒是一点也没社恐。

而且每天看其他演员穿大褂、提鸟笼，我觉得演话剧好像也挺好玩的，还有点没玩够。所以初中的时候我就加入了学校的话剧团。

《医者仁心》
陈伯雅

因为当时学校的话剧团女生多、男生少，所以我就捡了便宜，分到了一个有台词的角色，是个老中医，叫陈伯雅（右图）。

台词我现在还记得，有一句是"医者仁心，何恤自身。我之安逸，他之生死，孰轻孰重啊！"

有词的角色就是不一样，我从小到大就没当着那么多人的面大声说过话，一上台就紧张得要死了。我话也不会说了，路也不会走了，动不动就顺拐，全靠着老师指挥我该怎么演：说这句台词的时候要往左走，听那个人说话就捋一下胡子……上台一紧张我就容易忘词，一忘词我就更紧张，更紧张就更忘词。为了避免正式演出的时候出现这样的情况，我只能一遍一遍地练，直到形成肌肉记忆，完全不需要思考为止。

不过因为一些特殊的原因，那场戏一直等到我上初三那年才演出。初三毕竟也算个关键时期，所以我备受关注，团里的高中学长学姐总是围一圈给我讲题。正好演出那天上午，我要去参加英语的听口考试，所以我前一天晚上发的朋友圈底下，就被加油打气的话给刷屏了。从剧场回学校的路上，大伙还一起喊："方政云考试加油！"在这样的团队里，真的非常暖心。

那场演出很成功，我也觉得自己演得挺好，整个人异常亢奋，高兴了好长时间。

## ● 话剧的意义是什么？

中考完的那个暑假，有个跟我关系很好的初中同学约我出去玩。闲聊的时候他就说："我觉得你们演的那些都是虚的、假的，我不明白到底有什么意义。"当然他说的话比较直，但确实说得不无道理，反正我当时就被他怼住了。在这个时候我可以摆出很多大道理来说明话剧的意义，但是遗憾的是那些意义说实话我自己都不信。

所以我只能默默地在心里告诉自己：是他不懂艺术，不是我们话剧的错。尽管如此，"话剧的意义是什么"这个问题就像一盆冷水，泼在了原本亢奋的我的身上。

高中的时候，剧团排了一幕大戏叫《咸亨酒店》，我在剧里饰演的是叫潘阔亭的乡绅（右图为定妆照）。剧中有一幕是开庆功宴，我有一段戏词这样的："哦，五姑娘，你别着急嘛。娴小姐，走，我好好地陪陪你们。"

这段戏我得把对面的两个女生搂进怀里。虽然在话剧团待了3年多，我社恐的症状也减轻了不少，但让我当着那么多人的面做出这样的

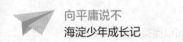
举动，实在是把我搞得面红耳赤。

这个时候我可以选择像之前那样一遍一遍地练，当然是自己私下练，直到完全不需要思考的肌肉记忆，忘掉那些尴尬。但是那盆冷水就提醒了我：如果就是这么走个过场，玩玩闹闹地混过去，那话剧的意义在哪儿呢？小丑表演难道不更逗人笑吗？

碰巧，我当时为了解闷，正在读斯坦尼斯拉夫斯基的《演员的自我修养》，书里有一句话就解答了我的问题："舞台艺术的基本目的：建构人的'精神生活'，并通过艺术的形式在舞台上展现出来。"

也就是说当我站在舞台上，我不应该是一个全凭肌肉记忆的不需要思考的木偶，我不仅是我，同时是角色，是潘阔亭。我需要通过剧本创造出属于角色的内在的精神生活，并让我的情感去适应属于他者的生活。

这场戏是庆功宴，庆的就是"我"这个乡绅。当然我作为方政云的时候肯定不会做出这样的举动，但当我是角色时，我就需要去符合角色的行为逻辑，像角色一样去思想。那么我就只会为大开庆功宴高兴，而不会尴尬和脸红。

后天我们就要演出，所以最近一直在彩排合成。台底下会坐很多负责合成的人艺的老师，有我认识的，也有我不认识的。但无论台底下坐的是谁，哪怕是过两天，台底下就会坐着我的老师、同班同学、家长，我现在也不会有什么心理负担。因为我需要做的，以及我现在正在做的，只是让自己尽力地投入舞台上的生活。

## ● 社恐的话剧爱好者的自我修养

当然，我现在仍然社恐，需要打包袋的时候仍然会心慌发怵，想问老师问题的时候仍然会在办公室门口犹豫半天。

但社恐并没有影响我去读斯坦尼斯拉夫斯基的《演员的自我修养》，没有影响我去读扎波尔科夫的《斯坦尼斯拉夫斯基在排演中》，没有影响我站在舞台上表演，没有影响我对于话剧的热爱与坚持。

我想，这就是我作为一个社恐的话剧爱好者的自我修养。

## 25 "管"不住的魅力

◎ 黄迤川（2023年，17岁）

我来自北京一零一中学的金帆交响乐团。在乐团里，我吹的是一个体形巨大、闪闪发光的乐器。根据它的特征，大家可以猜一下这个乐器叫什么。

有人说叫大管对吗？因为它大吗？你还真猜对了，它就叫大管。当然了，它还有两个外国名字，一个叫Fagotto，一个叫Bassoon。

Fagotto是意大利文，它的意思是一捆柴。大家可以对比一下，大管是不是像一捆柴一样。

Bassoon是对音域的描写，它的意思是"音特别低"，Bassoon也是它另一个名字，巴松管。

大管是木管乐器中的低音乐器，是交响乐队中的重要乐器之一。大管的音很低，如果给大管加一个小道具——纸筒，大家会发现加了一截纸筒后，大管的空气柱变长了，音也就变得更低了。这就可以完美地诠释为什么巴松这么长，音却这么低了。

## ● 因龅牙被巴松选中

我学习大管的原因，并不是因为它有多低，因为特别低也不好听嘛。我选大管是因为大管选择了我。

为什么呢？因为我二年级的时候想要学一门木管乐器。但那个时候我有一颗龅牙，我吹别的木管乐会漏气、漏风，不好听，大管不嫌弃我，我就只能学大管。至于为什么要学一门乐器，各位可能都深有共鸣，就是我妈让我学的。

实际上我对巴松管的第一观感并不是特别好，我练习的时候就觉得它好大、好沉，练习起来好累也好困。"好大、好沉"就不必说了，我二年级的时候只有一米二，大管有一米三，它比我还高。"好累"是因为我们练习的时候需要举着乐器练，一练就是一个小时，感觉特别累。"好困"又是什么原因呢？因为我们练习的时候需要练习腹式呼吸，这样能让我们吹出的气

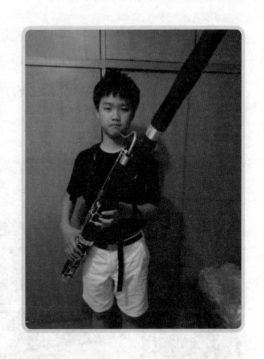

更长、更有力量，老师就让我们每天在吹乐器之前练习10分钟，躺在床上，把手放在肚子上，感受腹部发力的感觉。然后我躺了10分钟，又躺了1小时，我睡着了……

大管不仅又大又沉，它拆起来也特别麻烦。我做了一个黑管和大管拆装的视频对比（播放视频）。大家可以看到，黑管拆完以后好久好久，大管才拆完。

每次我和小伙伴们在一起练乐器的时候，他们练完了催我去吃饭时，总说："黄迤川，你快点收。"真不是我收得慢，是大管太难收了。

## ● 对大管改观的契机

直到我小学四年级的一天，我经过小学乐团的排练厅。当时他们在排练一首特别慷慨激昂的曲子，具体是什么我记不清了，只记得里面"钟鼓齐鸣"，整个地板还有我的耳膜都在震。

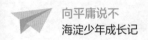

我被震撼了，因为我当时可能还在听儿歌，突然听到了现场的交响乐，我整个人就在那儿震住了。我通过门缝往里面看，发现也有和我一样吹大管的同学，我特别羡慕，心想如果我也能加入乐团，和大家一起演奏美妙的旋律该多好！

于是我开始刻苦练习，终于加入了小学乐团，并参加了各种演出。

后来，我通过努力进入了一零一中学乐团。在乐团里面，我们"巴松声部"特别愿意把自己称为"饮水机管理员"。

什么叫饮水机管理员？就是一个在球场上基本得不到出场时间和出场机会的板凳球员。

巴松在乐团中究竟是怎么样一个存在？常常是一大段乐谱中，巴松的谱子（乐谱左侧的Bsn就是Bassoon的缩写），却只标记了一个3，我只需要吹4拍。而且，整个谱子中巴松管几乎全是这样的音。

这样就会让我们很困惑，也会觉得乐团排练有点无聊。因为只是吹长音真的没有什么意思，我们也挺想吹独奏的。

巴松的谱子

## ● "替补球员" 的出场机会

改变在两年前到来，那个时候我们乐团要参加全国比赛，要进行普罗科菲耶夫第一交响曲的演奏。这个曲子有点意思，为什么这么说？因为它竟然有大管的独奏。

大家可以看到下图中我标红色括号的部分，那就是我当时的演奏。别看这段独奏看起来很简单，但是我在第一次排练的时候就出了岔子。乐团演奏有两个同样重要的因素，一个是音准，一个是节奏。在第一次排练的时候，我一个也没做好。

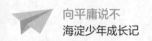
我的音准不仅吹得花里胡哨的，特别难听，节奏还没有和弦乐完美地卡上点。当时我就看到台下的同学一直往上看，感觉正特别责备地看着我，我心里特难受。因为如果丢我一个人的脸没有关系，但是如果因为我一个人的失误，而让整个乐团都没有收获荣誉，那么我会非常难受的。

于是从那天起，我开始努力练习了。为了改变我的节奏问题，我对着节拍器一个音一个音地校对。为了改变我的音准问题，我对着校音器反复练习，甚至尝试发明属于大管的新指法，以期把音准控制得更好一些。

就这样，我连续训练了一个月，每天至少一个小时。当时我都有点练魔怔了，几个同学一起去吃饭，我会不由自主地把手放在桌上，然后手指在不自觉地动，他们看见了，说："黄迤川，你在干吗呢？"我说："我在练习独奏呢。"

在我的不断努力下，一个月以后，在排练厅里面，指挥和同学们都听出了我的巨大改变。比赛的时候，我看起来特别有把握，特别淡定。实际上我当时特别紧张，手心手背全是汗，腿都在发抖。不过，演出取得了很好的效果。

## ● 小众但不可或缺的乐器

当然了，大管在乐团里面一般都负责低音部分，它如果作为一个独奏乐器，也可以演奏出特别好听的旋律。可以说是"上得了厅堂、下得了厨房"。

巴松的高音部分富有戏剧性，可以演奏出幽默俏皮的氛围；中音部分柔和而婉转，可以演奏出非常温柔的旋律，特别动听。

巴松是一种特别小众的乐器，很高兴大家今天都能认识它。有的时候，我在交响乐团里面吹或不吹，在座的一些普通听众可能都听不出来。但是我想说，它仍然是乐团中不可或缺的一部分。

因为如果一个乐团只有高音，只有独奏，但是没有一个温暖的低音起衬托、包容的作用，那么再好听的高音、再动听的旋律也是不完美的。我想，这也是巴松的魅力所在。

希望大家能够通过我的介绍认识巴松这个乐器。下次看到巴松的时候，不要说我不知道它叫什么。它就叫巴松，也叫大管。

# 26 如果文物会说话

◎ 李依宸（2023年，16岁）

不知道大家周末或者平时有空都喜欢去哪儿玩，我很喜欢去北京各种各样的博物馆走一走、看一看、逛一逛。到一个新地方旅游时，当地的博物馆、历史遗迹也会成为我的首要目的地。可以说，我是一个重度的博物馆迷。

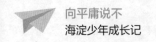
## ● 一群唐俑，让我爱上博物馆

大家可能想不到，我小时候去博物馆其实都是被爸爸硬拽着去的。在博物馆拍照的时候，别看我在镜头前笑得还挺开心的，其实我心里想的都是："这么大一个博物馆，怎么就没个座，站得我腰都酸了。我为什么不能和其他小朋友一样去游乐场玩？"离开博物馆后，爸爸也经常训斥我："你不懂得学习，你根本就没有认真欣赏博物馆的美。"

总而言之，我小时候在博物馆的经历不算太愉快。直到一次偶然的机会，我去了陕西历史博物馆，在那儿我看到了一群特别可爱的小陶俑。其中一个小陶俑看起来特别委屈，还揣着一只手，仿佛下一秒就能哭出来。我在同桌身上好像也看到过这样的神情。还有的小陶人骑着马，他们的手还不消停，在那儿手舞足蹈。

回家之后，我继续查阅它们的资料，了解到它们原来是一群来自唐朝的陶俑。大家可能猜不到，这些小陶俑原本有的是在吹奏乐器，有的则是在弯弓射箭，但随着时间的推移，它们手中的乐器和箭都慢慢消失了，只留下了一群手舞足蹈的小人儿。

有的唐朝小陶俑的形象是来自西域的胡人，他骑着马，在中原经商；还有的则是典型的唐朝女性形象，尤其是她头上高高盘起的发髻，是唐朝女性流行的一种发型；大部分陶俑穿着漂亮的唐代服饰，现在日本人穿的和服就受到了我国唐朝这种服饰文化的影响。

我有时候就在想，为什么这群来自唐朝的陶俑就能勾起我的注意力，而秦汉、明清时期的就不行呢？后来我才明白，是因为唐朝有独特的社会风气，它的文化更加包容。相比之下，秦汉时期的文物看起来更加古朴，而明清时期的瓷器则更加隆重。

当时年纪还小的我看不懂它们背后的故事，但唐朝的这些陶俑勾起了我对文物的兴趣。而我也带着这样一份兴趣，步入了我的初中时代。

## ● 探寻文物的小秘密

在一次介绍长安街任务的准备过程中，我读到了一本介绍长安街建筑的书。书里写到，中国人民革命军事博物馆大楼楼顶上那个巨大的"八一"军徽来头可不小，它是由炮击金门的弹壳熔铸而成的，非常珍贵。

当时我就想，这么珍贵的一个军徽放在这么高的地方，经历了这么多年的风吹雨打，怎么到现在还能闪闪发光？

为了得到这个问题的答案，我去查阅了资料，还搜集了一些论文，最终在一篇论文中找到了答案。大家也可以猜一猜，人们到底是用什么来养护这个巨大的"八一"军徽的。其实就是用咱们平时经常吃的番茄汁。

番茄汁中有一种含有羧基的有机化合物，它的pH值约为3～5，比无机酸要弱，又比酚类稍强，正好可以和军徽上的污垢发生化学反应，生成可溶于水的羧酸盐，同时又不会因为酸性过强而腐蚀了金属。最后再用水一冲，灰尘和污垢就被带走了，军徽又一次闪闪发亮了。可以说，最高端的养护，往往只需要最朴素的原材料。

文物保护工作者们用这样朴素的原材料达到了极其理想的效果，我不由得为他们的智慧而感慨。

## ● 聆听文物的故事

在逛博物馆的过程中，我也发展了一个新的爱好，就是收集来自不同博物馆的各种各样的小纪念品。

右图是一个写有"中国的脊梁"的小挂件，它来自鲁迅博物馆。在这个挂件底下还有一个鲁迅先生的漫画肖像。每次看到这个小挂件，我总能想起鲁迅博物馆清幽的环境，仿佛听到了鲁迅先生那振聋发聩的语言。

我曾经在秦始皇陵买了一个小型的复刻版站姿俑。现在我也把它放在了书架上，它每天陪伴着我学习、成长。

《西安名胜古迹——长安怀古》这本书是我从陕西历史博物馆里淘来的。它主要讲的是西安各种各样的名胜古迹。现在我把它放在我的书架上，闲暇的时候我就会把它拿下来翻一翻，每次打开它，就会回忆起我在西安旅游的那段愉快经历。

在我的家里，还有很多很多这样的纪念品，有的是小手办，有的是一本书，还有的是一些小摆件。总而言之，这些小物件总是能让我回忆起在博物馆里的那些愉快时光。

如果文物会说话，那它们一定有很多有趣的事情想和我们分享。我去参观博物馆，其实就是用自己的方式聆听来自它们的故事。

正如同"一千个读者的心中就有一千个哈姆雷特"，博物馆对每个人来说都是独特的，每个人在博物馆中的经历和感受也都是珍贵的。如果文物不只会说话，还会倾听的话，那它们应该已经听见我有多爱它们了吧。

现在我已经去过全国40多家博物馆了，以后我还会去到全国各地，走进更多的博物馆去聆听更多来自文物的故事。

## 27 捕捉光影

◎ 王子晗（2023年，16岁）

### ● 与摄影结缘

其实小时候的我一点也不喜欢摄影，但是大人们特别喜欢拍我，每次他们举着相机让我摆出各种姿势的时候，我都会折腾一番，最后在不情愿的情况下做出鬼脸来配合。大人告诉我，拍下我的生活只是为了留下纪念。但是当时我还小，不明白记录生活的方式有那么多种，为什么非要把回忆放在一个小小的镜头里？

我的爸爸是一个业余摄影爱好者，他对摄影特别痴迷。一到假期他就扛着相机、牵着我去各个景点拍照。他经常站在一个地方一拍就是好长时间，而我只能在旁边傻站着，这对我来说简直就是一种煎熬。我特别不理解，手指头摁一下这么简单的事情，为什么要浪费那么长时间？

有一次，爸爸因为打电话，随手把相机交到了我的手上，我看着眼前这个又熟悉又陌生的家伙，就学着爸爸的样子，把眼睛放在取景框上，随手摁下了快门。眨眼间这个摄像机的屏幕上出现了一张照片，就是下面这张水库的照片，它是我人生中拍的第一张照片。

当时爸爸看到之后还调侃着说："你这构图还不错。"这让我特别自信，想着自己还有这方面的天赋。于是，相机就正式走入了我的生活，我想用它来拍摄一些我喜欢的事物。

### ● 我的"追星赶海"之旅

那会儿爸爸妈妈经常带我去露营，别人露营的目的都是为了游山玩水、吃吃喝喝，但是我这个人不一样，我就喜欢每天晚上躺在帐篷里看星星。

去过郊区的朋友可能都知道，郊区的星空特别美，无边的黑幕上有着无数颗亮点。我每次看到，都有一种想把它们给拍下来的冲动。有了相机之后，我就想着要完成这个愿望。为此我做了很多功

课，在各大视频平台和软件里找了很多大师的作品。但是，大部分方法对我的拍摄计划起不到任何作用。有一天，我实在忍不住了，就一个人背上相机、三脚架直奔山区了。

当时是3月底，北京怀柔的山区是很冷的，我衣服没带够，冻得直哆嗦。好不容易架好三脚架之后，我就打开了星图，上面显示着北斗七星就在我头顶的位置。我激动地打开相机，准备开始拍摄。但是天有不测风云，我在相机的镜头里看了好久，都没有看到北斗七星。我还在纳闷，不会是我相机坏了吧？我抬头一看，才发现天上已经黑云压城了，

瞬间我的心就凉了一半。但我还是不信邪，想着大老远跑来一趟，回去不太好，又在那儿站了好长时间，直到雨掉在我脑门上我才反应过来，赶紧扛着相机跑，十分狼狈。

有了第一次失败的经历之后，第二次拍摄当然就没有那么窘迫了。这次我学聪明了，一口气下载了很多个软件，有拍星星的，有找星星的，还有一堆气象软件，就怕出什么差错。在收拾好装备之后，我又开始了第二次的"追星"之旅。

这次的天气还算给力，我反复对照星图，一遍又一遍地看着天气预报，就怕"老天爷"变脸。终于在日落之后不久，相机的小屏幕中出现了银河的一个小角，瞬间我激动得屏住了呼吸。又过了一会儿，整个银河呈现在相机屏幕之中，我怀着激动的心情，用颤抖的手摁下了快门，随着30秒漫长的等待，美丽的银河被我用相机拍了下来。

下图是我当时拍的照片，看着期盼已久的照片里面包含了无数个亮点，每一个都是银河中的一个世界，我感觉宇宙的一切都在我的手里。不知道大家有没有看到过银河，反正当时我拍下来之后是激动得一晚上都没睡着觉，一点都不夸张，就抱着相机看了一晚上。

除了拍摄星空，我也拍了很多其他的景色。比如有一年暑假我去了厦门的平潭岛。去过厦门的同学可能都知道，每年的七八月份，那里都有一种奇观叫蓝眼泪。蓝眼泪是生活在海里的一种荧光浮游生物，也叫海萤。

海萤的身体里有一种叫发光腺的器官，在受到刺激的时候会发出一种淡蓝色的光。夜幕之下，蓝色的海泛起了点点的蓝光，就像很多碎钻撒在了海面上一样。我一个从小在城里长大的人，哪见过这场面，瞬间就惊呆了，赶紧掏出相机，调整取景框，把这片蓝色的海给拍了下来。右侧这些照片，虽然是静态的，但我现在看到，还是能想起当时震撼的场景。

## ● 摄影得有情感，也得有技术

在拍了很多照片之后，我总感觉这些照片还缺点什么，爸爸用一句话点醒了我，他说摄影不光是把看到的东西拍下来，更多的是要带入自己的情感，去给这个照片"附魔"。

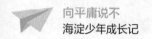
怎样才能给照片"附魔"呢？偶然一次，我经过自己曾经就读的小学，顺手拍了一张操场的照片。看到这张照片，我感觉自己回到了小学，同学们的欢笑声在我耳边回响了起来，很多美好的回忆也浮现在了我的眼前。瞬间我就觉得，原来照片还能有这么多的情感和故事，我也理解了爸爸说的话。

除了拍摄的情感，摄影的技巧同样十分重要。比如摄影的三要素：光圈、快门和感光度。同样的场景，通过这三个要素不同的配合，我们可以拍出感觉截然不同的照片。

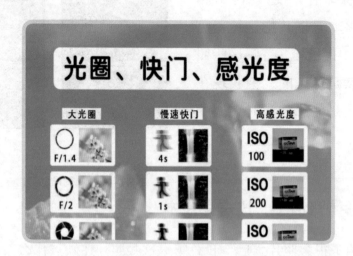

以下图为例。同样拍了某个公园的一处河流，左边这张照片是在快门速度为1/400秒的情况下拍的，也就是高速快门拍的，大家可以看到这个水流在一瞬间被定格了下来，显得十分真实。右边这张就完全不一样了，它是快门速度在1.3秒的情况下拍的，也就是慢速快门。大家可以明显地看出这个水流变得更加细腻和绵密。这就是用不同的参数拍出不同感觉的照片。

拍北京的胡同也是如此，以墙壁作为前景，可以拍出胡同狭窄和紧凑的感觉；直着拍进去，又能拍出胡同深长的感觉，让人在视觉上有一种交错感。

## ● 用镜头定格时间

喜欢上摄影之后，我发现我走路习惯都改变了，总想着边走边找一些有趣的事物给拍下来。有一次和同学出去玩的时候，走着走着他们就发现怎么少了个人？一回头，才发现原来是我又站在那里拍照片了。那一次我对着夕阳拍了很久（见右图）。

现在我拍摄了越来越多的照片，来记录生活中的一些美好瞬间……

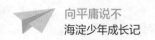

　　我觉得摄影就像我的朋友一样，帮我从不同的角度来看待这个世界，并且用另一种方式帮我定格了时间。

　　人生就如我们所处的宇宙一般，白昼可爱，夜晚依然璀璨。希望大家能和我一样，一起去享受摄影、接触摄影。

# 28 美食使我快乐

◎ 刘昕阳（2022年，16岁）

## ● 天生的美食家?

小时候的我，每周最期盼的就是我家的周末大购物。每次我都会被超市里琳琅满目的商品牵着走，尤其是那香味四溢的烤鸡，刚刚出炉的面包更会让我"走不动道"。

在超市里我也会问妈妈各种各样食材、调料的名称。神奇的是，她说过一遍之后，我就都能记住了。我还有个能耐：凡是吃过的菜，只要我觉得好吃，下一次再见到它时，定能准确地说出菜名、所用的食材，回想起它在我口中留下的独特味道。

有人说我是天生的美食家，有时我也会想，自己到底是不是真的天赋异禀呢？其实小时候的我还是很怀疑自己的，因为那时我做饭不是忘了放调料，就是忘了调火候；会把炒土豆丝做成炒土豆条，会把红烧茄子做成炭烧茄子。

而让我印象最深刻的，是做意大利面的那一次。拙劣的刀工和对制作步骤的不熟悉让我手忙脚乱，本来应该切碎的菜被我切得巨大无比，肉酱面最终也变成了炒菜拌面。下图是我当时做出的意大利面。类似的经历有很多，但正是这一次次的失败让我收获了很多宝贵的经验。

## ● 厨艺精进之旅

上初中后，我的厨艺有了明显的长进。我的妈妈是属猪的，我当然要在她本命年的生日宴上露一手了。做什么好呢？抱着试一试的想法我开始在网上查找视频寻找灵感，忽然我发现有人将白面馒头稍加修饰做成了小猪的样子，这也太可爱了吧！那我也试试看吧。

说干就干。我用南瓜泥做天然色素，把面团揉成一个个胖墩墩的小圆团，再装饰上耳朵、鼻子和尾巴，用芝麻点缀眼睛，一个个可爱的小金猪就制作完成了。我把它们放上蒸锅，出锅的刹那香气扑鼻而来。

大家望着这一窝胖墩墩的"小猪"忍俊不禁、口水直流，但是谁都舍不得吃。忽然，妈妈指着它们说"哟，这不是四世同堂吗？我先吃个小猪仔。"惹得大家哈哈大笑起来。妈妈那天发了朋友圈，很多亲戚朋友在下面进行了评论和点赞。妈妈非常自豪和骄傲，我也感到由衷的开心。

之后我又做了很多不同种类的面食，还制作了属于我的动物馒头。下图左边这个是小刺猬，右边这个是兔子，是不是很可爱呀？

虎年家庭聚会的时候，我也想要应个景，我为大家做了虎皮饺子，送上了属于我的虎年祝福。

动物类美食让我意识到，原来只要用心，每个人都可以拥有属于自己的艺术品。

16岁生日的前几天，我想举行一个小型的生日派对，还想为我自己的生日派对做个独特的蛋糕。我思来想去，打算挑战纸杯蛋糕，下面的右图是最后的成品，是不是还不错？那一天我收获了很多朋友的赞美和祝福，也收获了一个难忘的生日。

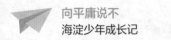
之后我便一发不可收，每做一道美食都要精心修饰一番。下图是我做的海陆小烧烤、家常菜、翡翠饺子、咖喱饭、火锅还有小饼干……

## ● 不仅要美味，还要健康

近一段时间，我在网上看到很多健身博主自制的低卡美食，我也想要试试看。下图是我做的健康早餐。有人可能会说了：这不就是鸡排夹着生菜和火腿吗？其实这个"鸡排"是我用燕麦和鸡蛋煎制而成的鸡蛋排，色香味俱全而且饱腹感极强。

后来我也做了纯手工的鱼丸，它和超市里卖的口感可不一样，非常细腻，入口即化。我有时会在里面加入一些牛肉馅，使它的口感和营养更加丰富。

下图是我不久前做的美食。左图是山药红枣糕，右图是低脂蛋卷。现在的我不仅想要把美食做得好吃、好看，更想让它们营养又健康。

## ● 美食带来的生活启示

除此之外，美食也能引发我的思考，让我进一步探索。比如在打发蛋糕的时候，我就会想：为什么蛋清能打发得像奶油那样丝滑呢？我查找资料后才知道，原来这与蛋清之中的两

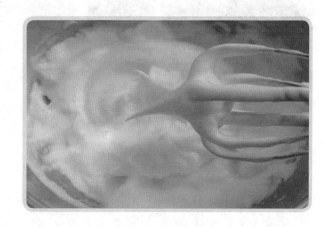

种蛋白——球蛋白和黏蛋白有关。

不同的蛋白具有不同的空间结构，进而具有不同功能。打个比方，如果把蛋清之中的泡沫比作一个个小小的气球，球蛋白可以让空气更容易地进入气球当中，使得气球的体积膨大；而黏蛋白则可以让气球的膜变得更加坚韧，使气球不容易破裂。这样我们吃到的蛋糕才会有蓬松、绵软的口感。

作为一个美食爱好者，除了制作美食之外，我还非常喜欢品尝美食。在假期，每到一个地方，我都会去寻找当地的特色美食。

比如在云南，我吃到了烤乳扇；在楚雄，我吃到了当地有名的菌子火锅；在天津，我吃到了正宗的煎饼馃子和天津茶汤；在陕西，我吃到了期待已久的羊肉泡馍；在重庆，我吃到了当地的特色美食——重庆小面……这些美食让我深刻地体会到了当地的美食文化与风土人情。

美食可以使人分泌多巴胺，让人感到快乐。而制作美食的过程更令我感到快乐，它让我收获了一份纯真的热爱，一份独特的情趣，还有一份生活的美好。

希望我可以走遍千山万水，尝遍天下美食。

## 29 我是一个军迷

◎ 张良宇（2023年，15岁）

说起军事，我最初的启蒙来自我的爷爷——一个在军营服役8年的老兵。从记事起，我总喜欢去爷爷家，他家里除了不限量的零食以外，还有爷爷在部队里和战友们的故事。现在想起来，可能就是那时，爷爷把一颗军绿色的种子种在了我的心里，让年幼的我对军旅生活有了一种朦胧的向往。可以说，我对军事的兴趣如此浓厚，和我的爷爷密不可分的。

后来我升入了小学，也越发地喜欢军人这个职业了。当时呢，我立下了以后要去当兵的理想。

可是理想和现实总是有差距的，四年级的时候，我近视了。眼镜的度数从刚开始的100多度、200多度，逐渐升到了现在的四五百度，当时的我还不知道可以通过手术矫正视力，认为这个兵是当不成了，于是，我把我的注意力放到了各种军事装备与活动上去。这也算是我成为一名军迷（军事爱好者）的开始。

都说"兴趣是最好的老师"，喜欢军事的我，开始广泛涉猎军事方面的知识，什么射击、军史都很喜欢，所以也很愿意为此付出时间自己摸索。初中那会儿，一个偶然的机会，我接触到了"军事造型"这一圈子。"造型"是指模仿某个时期的某个军队的军人的造型。每个部队、每个时期的造型都不尽相同，也就留给我们这些军事爱好者很大的研究空间。

在研究军事装备的时候，我往往也会比一般人更多地了解其相应的历史。而随着对历史了解得越来越多，我也更加热爱军事，也对我们的军人更加佩服。"那年我们什么都想过，就是没有想过放弃。"军人的坚守与坚持，才有我们今天的美好生活；军人的不畏强敌、敢于亮剑，才把黑暗挡在我们看不见的地方。作为一个军事爱好者，我对军人们的敬佩无以言表。

作为一个铁杆军迷，空有一身装备的皮而不去注重其内在意志品质是万万不行的。一名合格的解放军战士，首先要有坚定的信念，而我作为学生也在不断学习先进思想，关心时政；其次，一名战士要有一身钢筋铁骨，对于中学生的我来说，达到战士的水平有些勉强，但用顽强的意志去坚持体能训练，还是可以做到的。在繁忙的学习之余，我坚持每周起码三次锻炼，最好的成绩是引体向上22个，1000米达到3分30秒。我的成绩虽然远远没有达到一名战士的标准，但一名战士所应当具有的坚强的意志，极大地促进了我的成长。

下面这张图片里的东西，是一条背包带，背包带是用作捆绑背包的带子，它还可以用于晾衣、捆扎，可以成为军体器械训练时的保护，也可以牵引拉练中跑不动的战友，等等。这条爷爷用过的背包带已经有将近50年的历史了，它被我挂在了书桌旁的架子上，每次我摸到这根背包带的时候，它表面粗糙的纹理，还有那股因时间久远略微发霉的味道，让我感觉就像真的摸到了历史。

爷爷同时送我的，还有一个弹壳。这是一枚1956年式14.5mm大口径机枪弹，是仿照苏联14.5mm大口径机枪弹研制而成的。当时我爷爷在部队里打的是一种高射机枪，四个管的，他是一枪手，就是管开枪的那个，脚一踩，强大的火力就在几秒内倾泻出，简直是帅极了！其实最初单纯的我开始想当兵的愿望就是想去玩枪玩炮，多帅啊！但是爷爷和我说，在军营中的生活不光是枪和炮，更多的是血与火的淬炼。

爷爷跟我说："你喜欢军事，就不能只想玩枪玩炮，你要记住，你身后是什么。你身后是祖国和人民，是你所珍惜和热爱的一切。"

今后，不管能不能成为一个真正的军人，在成长的道路上充满勇气、无惧、无畏，牢记和平的来之不易，珍惜当下的生活。

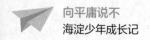

## 30 听到"胡萝卜"的谣言以后

◎ 鹿馨宁（2024年，15岁）

相信大家都听说过一些伪科学的谣言，今天我来给大家讲一个关于"胡萝卜"的谣言的故事。在我的身边，就有一位特别热爱传播这类消息的人，那就是我的爷爷。只需要打开我的家庭群，就可以看到："震惊！这东西千万别再吃了，会要你的命！"很多这样耸人听闻的消息。

相信大家也看过类似的标题，但不知道大家有没有点开看过里面的内容是什么呢？平常我也不会点开看，但是有一次，爷爷分享了一条讲胡萝卜千万不能随便吃的视频。因为我本人是一个非常爱吃胡萝卜的人，于是我就点开看了看。视频里的主播指着干瘪的胡萝卜，说那是纯天然的好胡萝卜，又指着旁边市面上常见的胡萝卜，说这些饱满得像炮弹一样的都是"科技与狠活"的威力。

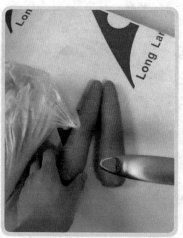

视频底下甚至还有这样的评论："不能吃化肥培育的蔬菜，应该禁用化肥。""蔬菜都是用化学的东西灌出来的，那还能吃吗？"

大家有没有觉得不对劲？在化学课上我们学过的"化肥有助于农业生产"，怎么在这些人的口中就变成了"那谁受得了"的"科技与狠活"呢？

所以施用化肥后种出来的胡萝卜还能不能吃？饱满圆润的胡萝卜又是怎么来的？我就带着这两个问题，开始了我的思考。

趁着春节回家，我先去问了我的姥姥姥爷，他们是在河北种了一辈子地的老农民。姥爷听了上面说要禁用化肥的话，都觉得非常好笑，立刻给我展示了他们自己用的两大袋化肥。

姥爷说："庄稼不施肥就跟人不吃饭一样，人不吃饭没劲，庄稼不施肥就没营养，也就长不高，不施肥的菜也一样长不好，大家就不喜欢吃了。他每次给我们吃的蔬菜也都是用化肥种出来的。"

我又问姥爷为什么不多用农家肥呢？姥爷给我解释道：农家肥的主要来源是畜禽粪便，现在农村养鸡养鸭的少了，粪便也少了。另外一方面，农家肥也不是直接就能拿来用的，还需要堆肥、沤肥，非常辛苦，也非常麻烦，需要的量也很大。如果都用农家肥的话，老人根本就照料不了那么多地。

知道了农民对化肥的看法后，我就开始疑惑，那为什么还有那么多人对化肥反感，甚至恐惧呢？我就在网上看了看反对化肥的人是怎么评价化肥的。他们有的人从自己的感受出发，说"用了化肥瓜不香了，果不甜了"，还有人从环境的角度出发，说"化肥导致了土壤板结、水体污染"。我也查询了官方的数据，据统计，我国氮肥的利用率仅有

37.8%，这也就意味着大部分的氮肥都在使用过程中被浪费了，这也导致了很多问题。

同时，我也查到了农业专家对这些问题的解释和说明。比如农业农村部科学施肥专家指导组组长张福锁院士就曾经解释说："少数果农大量使用氮肥，忽视了肥料与其他元素的配合，导致一些水果果实过大、水分过多，丧失了部分风味。"同时，他还特别指出："就像不合理的饮食方法会影响我们的健康，其实是食物的摄入方式产生了问题，而不是食物本身的问题。化肥的使用也是一样。""新中国成立以来，我国的粮食产量翻了两番，从新中国成立之初的粮食总产量为11318万吨，到2008年达到52871万吨，与1949年相比，粮食产量增长了约3.7倍，人均产量增长了91%。而其中，化肥的作用约占一半：大量的科学实验证明，如果停止使用化肥，也不施用农家肥，不出3年我国的粮食产量就会降到原来的一半，甚至更低。"

可以想象，如果我们真的不使用化肥，让作物产量降低一半的话，那会给整个社会造成怎样的灾难，所以我们不能够因噎废食。那么我们怎样避免化肥给环境带来的污染呢？中国科学院沈阳应用生态研究所的科学家们的文章中写道：他们用科学的方法指导农民改进施肥方式，这样就可以既保证产量，又能保护好环境。所以说通过科学的方式合理使用化肥，其实是可以两全其美的。

化肥的问题了解完了，接下来我又去问了有胡萝卜种植经验的姥爷，怎么样才能种植出圆润饱满的胡萝卜呢？姥爷说：种植胡萝卜，只需要撒下种子，耐心培育，长出来的就是圆润饱满的胡萝卜。我又问姥爷，那种子是哪里来的呢？姥爷说，原来的种子是从农村合作社里买的，现在在网上随便买的，种出来的效果也一样。我又问，网上的种子又是哪里来的呢？姥爷就不清楚了。

网上购买的胡萝卜种子是天然野生的吗？还是"科技与狠活"的产物呢？我在网络上查找资料时，意外查找到了野生胡萝卜的照片。野生胡萝卜其实长得其貌不扬，看上去是灰头土脸、奇形怪状的。经过了人们一代代的培育，才把胡萝卜端上了我们的餐桌。而且原来的胡萝卜是五颜六色的，早期的胡萝卜更多的是黄色的和紫色的。今天大家最熟悉的橙色的胡萝卜，在17世纪才由荷兰的科学家培育出来。

所以我们原来吃的干瘪的胡萝卜，它也不是天然的。天然并不意味着好，人工的也不一定就是坏的，我们不应该陷入这种非此即彼的逻辑陷阱里。

胡萝卜自传入我们中国后，就广受欢迎，到现在，中国胡萝卜的产量在世界的占比已经超过了40%。

我又想起姥爷说胡萝卜种了的价格越来越低，这是怎么回事呢？我看到了央视新闻里中国农科院蔬菜花卉研究所科学家对胡萝卜的介绍。原来在很长的一段时间内，我们种植胡萝卜主要依靠进口的种子，后来种子的价格连年攀升，到2009年达到了顶峰，每一罐胡萝卜种子就要13000元。每一罐种子可以种三亩多地，平均下来每亩地光种子的成本就达到4000多元，占了种植成本的1/3左右。

那当时的人们怎么办呢？办法只有一个：就是发展自己的育种科技。中国蔬菜花卉研究所的庄飞云研究员带着自己的研究团队，他们搜集了各种各样的胡萝卜种子，并开始了万里挑一的育种历程，最终他们培育出了一系列优质品种，把胡萝卜种子的价格"打"了下来。现在一罐胡萝卜种子只要几百块钱，大大减轻了农民的负担。真没想到小小的一根胡萝卜，背后原来有这么多故事。

中誉1877　　中誉1749

庄飞云团队培育出的国产胡萝卜新品种

所以说，现在饱满圆润的胡萝卜并不是"科技与狠活"的产物，而是科学家们十几年来的努力。化肥也并不是要避而远之的东西，而是辅助农业生产，提高作物产量的功臣。它们或许不是那么天然，但是只有"科技"，没有"狠活"，大家可以放心大胆地吃。

回到最初的起点，我把我这段时间熬夜查资料的研究发给了爷爷，爷爷不但认可了我的说法，还把我的消息转发到了家庭群，让我收获了各位亲友们的好评。

在面对生活中的谣言时，或许因为它们与我们的生活息息相关，关系到我们自己和家人们的健康，所以我们才会如此紧张。但是只要我们保持理性客观的态度，就会发现问题的背后其实非常简单，并没有超过像我这样一位文科生的知识范围。最重要的是，当遇到生活中的小问题，要发挥求是、怀疑、探索和实证的精神，共同创造一个科学、有序、文明的社会环境。

希望大家不要总是被那些听起来更响亮的声音所迷惑，而是要仔细听一听哪边的声音更有道理。

# ㉛ 画出奇幻世界

◎ 刘同洲（2024年，13岁）

我是一个老师和同学口中的 "艺术少年"，而我觉得自己只不过是一个对世间万物充满好奇心的观察者，是一个喜欢天马行空、放飞思绪、胡思乱想，沉浸在一个属于自己的神奇世界里，还一心想把这个世界打造出来的普通男孩。我觉得很多孩子可能都有着我这样的 "雄心壮志"，只不过在各种机缘巧合的作用下，绘画吸引了我，我选择了用绘画这一形式把头脑中转瞬即逝的画面记录下来，那么接下来就和大家分享一下我的成长故事。

## ● 绚丽多彩的童年

我的童年可以说格外绚丽多彩，充满着各种沉浸式体验。从小我就不太合群，对非创造性的学习方式有点抵触，不得已父母只能把我送入了一所据说什么都不学的幼儿园。这里的园长还兼任美术老师。我记忆中，我在幼儿园上得最多的课程就是画画、泥塑、烘焙、缝纫；每个下午的自由活动时间，我可以完全不被打扰，沉浸在刨沙子和搭积木的乐趣中；每周的户外长距离散步和种植活动，让我有机会观察到各种动植物，从那时起，我就成了一个昆虫与海洋生物的小小爱好者。规规矩矩上课这件事对一个喜欢走神儿、爱幻想的小男孩来说太困难了，好在父母早就摸清了我的性格特点，在其他孩子学英语、练钢琴、上奥数的时候，他们带我拼乐高、搭积木、养虫子、穿沙漠、探溶洞和浮潜看海……在这样的成长环境下，我拥有了一双发现美的眼睛、一双灵巧的手和一个满载奇思妙想的头脑。

● **与绘画的不解之缘**

童年的时光也并非只是一味地玩耍，棒球、轮滑、乐高机器人我都坚持学习了一段时间，这些对我成长也有很大的帮助，但是伴随我至今的却只有绘画这个兴趣。

绘画对我来说是一种自由的释放，从四岁起第一次进入绘画教室，我完成了一幅张扬跋扈的章鱼开始。好在我的第一位美术老师很欣赏我这种颇为大胆的创作方式，她并不反对我不按照她的要求画画，同时对我的作品赞赏有加。这一下子就点燃了我的兴趣。我可以在画室里随意创作，即便是因为我的特立独行，绘画内容时不时偏离主题，老师对我也十分包容，鼓励我大胆介绍绘画的内容和想法。这位启蒙老师教会了我一些简单的技法，当我通过运用遮挡关系、近大远小这些绘画技巧在一张纸上创作出立体效果的时候，我着实觉得很兴奋，头脑中的世界一下子就变得清晰了起来，我也开始能把自己喜欢的海洋生物和昆虫带入创作主题。比如这幅我7岁时画的《窗外》，描绘的就是我想象自己坐在潜水艇里向外观察，恰好看到一只凶猛的章鱼抓住了隐藏在黑暗处的一条鱼。再比如这幅用共生同构技法绘画的《深海印象》依然是我头脑中的神秘海洋世界，这些生物身上闪耀的鳞片、多变的色彩和奇幻的形态令我着迷，而隐藏在其中、时刻准备伏击的章鱼是我的最爱。

《窗外》

《深海印象》

无忧无虑的时光总是短暂的。进入小学之后，我忽然发现接下来的时间可不会再允许我像以前那样肆意地玩耍了。我所就读的学校在海淀区名列前茅，以优异的成绩和良好的校风著称，学校对学生要求非常严格，学习标准也高。让之前自由散漫的我规规矩矩地上课，着实有点困难。老师评价我思维发散有余，认真专注不足。时不时我就会惹点小麻烦，再加上学习成绩平平，所以我那时候感觉自己不是老师眼中的"好学生"。周围的同学关系相比幼儿园时期也发生了很大的变化，如何成为受欢迎的人，怎样才能不被同学欺负，这些事也让我苦恼了很长时间……然而最后是绘画让我找回了自信。

一年级的一次美术课结束之后，学校美术社团的张老师邀请我加入学校社团，这一切来得很突然。只因为张老师觉得我画的画很特别，她觉得我是个可教之才，欣赏我大胆的想法，支持我参加学校的各种活动，还对班主任说能沉下心画画的孩子专注力不会有问题。同学们也发现了我画画的小技能。非凡的动手能力让我特别会剪窗花，每次班级组队活动大家都希望我能加入，班级中各种手抄报、海报、板报设计都成了我的专属工作……至今我已经成了美术社团的元老级团员。

## ● 一次重要的转折

转眼三年级了，我逐渐适应了紧张的学习节奏，也许是因为拥有了自信，我的学习成绩也有所提高，同时我在绘画方面也迎来了一次重要的转折。

我很有幸遇到人生中一位重要的老师——"黑纸"，"黑纸"是老师对自己的称呼。在这之前，我更多的是在纸面上肆意地表达内心的想法，但画画的过程毫无章法可言，画面大多是一个大主体或者多个内容的拼凑，算不上真正的作品。在与黑纸老师学习期间，他欣赏我的大胆，同时也鼓励我要多练习手上功夫，我跟随他系统地学习了水彩、版画等多种创作手法，以及构图和表现力方面的知识，也就是从这个时候开始，我接受了绘画方面的专业训练。

黑纸老师倾向于保护孩子的绘画想象力，所以并没有过早让我接触素描技法，所以我的画一直以来都不够写实，也就埋下了后面这件"像与不像"事件。在一次班级的板报设计中，正当我投入创作的时候，一位同学不经意地说了一句"这也不像啊"，就走开了。说者无意，听者有心，在这之后的一段时间里，每当我完成一幅作品，似乎总能听到嘲笑和质疑的声音，这使我对自己产生了怀疑：我画得好吗？我真的适合绘画吗？后来黑纸老师观察到我下笔开始犹犹豫豫，就带我欣赏了很多国际绘画大师的作品，包括毕加索、达利、杜布菲，他告诉我大师的画作也是充满了想象，很像我有时随意涂鸦出的东西，千万不要被外人的评价限制了手脚，画得像是可以练出来的。

后来一次偶然的机会，我作为杂志小记者采访了少儿美术专家龙念南爷爷，提出了绘画中"像与不像"的问题，他对我说：如果以像不像作为绘画的基本要求，那么相机只需"咔嚓"一下就能解决问题了，绘画重要的是把人的内在表现出来。听了龙爷爷的话，我终于释然了，开始逐渐形成了自己的创作风格，作品也有了前所未有的进步。我意识到，一幅作品的创作不仅需要一个灵感，表现手法、构图、画面的分布都很重要，那时候我连续画了两幅有关海洋的作品，将我对未来世界的设想融入创作中。其中一幅《深海之城》，从轮廓看是一条鮟鱇鱼，身上由各种著名的建筑组成，道路将它身上的各处连接起来，比如这条鱼的牙齿就是由东方明珠和埃菲尔铁塔组成的，它的背上还背着个悉尼歌剧院，仔细观察，观众还能在它身上发现北京电视塔等知名建筑。我觉得如果鱼只在海中遨游，那就太没意思了，它如果可以在天空飞翔多好，于是我以航天为主题创作出了另一幅作品——《天空之城》。画的主体是一艘以鲸鱼为原型创作的飞向宇宙的大型飞船。这艘飞船上有着齿轮和各种机械结构，不同于《深海之城》，飞船上的各种装置都有实际用途，就比如我把它的眼睛设计成了指南针，方便去寻找方向。后来这幅画由我作为学生代表赠送给了北斗三号导航卫星首席总设计师谢军爷爷，谢军爷爷说他很喜欢这幅画。

《深海之城》

《天空之城》

## ● 从平面到立体的尝试

随着时间的积累，我的作品也越来越多，题材、风格也更加多样。绘画不像其他竞技类的活动要与对手进行较量，更多的是画者自身内在的成长与提升，通过不断的基础技法训练，让内心中的想法和感受，以独特的视角和更加丰富的形式传达出来。刚刚我也曾提起，我是个虫子迷，养虫子也是我儿时的重要活动之一。上学之后我开始制作昆虫标本，仔细地观察虫子的细节，刻意训练自己的观察力，观察后用绘画的形式来记录昆虫就顺理成章地成了我提高绘画写实能力的好方法。比如下面左侧这幅《蝗虫》就是我以写实的方式进行创作初期的作品，但是我依然不能放弃表达它的独特，当时我觉得蝗虫爪子特别像海盗的钩子，于是虎克船长的全套装备被我移植到了这只昆虫身上。右侧是一幅版画作品，原型是我之前的一只宠物——螽斯，通俗来讲就是蝈蝈。这幅画乍一看是蝈蝈的一幅肖像特写，无论是触须、复眼、口器，还是昆虫腿上的刺、足上的节儿我都做了详细的刻画。实际上我要表现的不只是这只昆虫如雕塑一般的外骨骼形态，我还着重刻画了它的神态和动作，它用触手抵着下巴，好像在思考着什么。

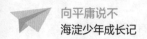

　　这次尝试让我一下子就爱上了版画，因为这个创作形式更加立体和丰富，比如下面这张版画，我画的是一只深埋于地下的怪兽偶然与探险家偶遇的故事。

　　从头脑中的想象，到纸面上的二维世界，再到现实中的立体空间，我逐渐被内心的力量所指引，开始对立体创作产生兴趣。于是我开始收集各种物体，废旧的电子配件、具有特殊纹理的木头、玻璃，甚至包括各种动物的骨头。但凡我能找到的骨头，包括鸡骨、鱼刺，以及我认为可以搭建出作品的材料都被我清理后储存起来，成了我立体创作的素材。

　　下图左侧是我制作的一个龙头，它是不是看起来像龙的骨骼化石一样？我在兴奋之余还进行了二次绘画创作，完成了下图右侧这幅十分绚丽的龙，希望有一天这只美丽的龙能够被我亲手制作完成，以立体的姿态呈现在大家面前。

## ● 人生中的第一次画展

　　在我刚上初一的那个教师节，在学校的支持和老师的帮助下，我和学校里另外一位社团前辈共同举办了"万物灵长"的画展。画展上，展示了我在各个时期，以水彩、炭笔、拼贴、版画等不同的表现手法完成的二十余幅画作，包括我在全国中小学生绘画书法比赛、"东方之星"国际青少儿书画艺术大展等赛事中的获奖作品。画展举办得十分顺利，包括校长在内的很多老师和同学都参加了开幕式活动，活动中老师们肯定了我的美术特长，我也获得了一次向全校师生展示自我的机会。从第一次接触绘画，再到不同时期遇见懂得尊重个性、挖掘潜力的老师引导我成长的这段经历，全部在这一次的画展中得到了见证。这次画展对我来说意义是巨大的，为我在艺术与科技探索这条路上，注入了继续走下去的勇气和决心。

　　举办画展不是我的终点，我也不会为此而骄傲。对未知世界的好奇心驱使我要不断提高自己的绘画技能，那些上古神兽、神话人物，还有各种各样的机械结构，比如齿轮与齿轮之间的传动关系、朋克风的飞船，或是各种神奇的小物件都在我的头脑中等待着被展现、被欣赏，我会继续创作，让大家看到不一样的奇幻世界。

# 后记

　　当少年们长大成人，回首往昔，涌上心头的会是何种情结？当年的兴趣爱好，对他们的成长有什么样的影响？当时的"不务正业"有没有影响他们的学习？如今的他们又在做什么？

　　我们邀请了两位参加过第一届格致论道·未来少年的同学，请他们分享这些年的选择与成长。

——格致论道

# 1 我与生物的不解之缘

◎ 董育之（2019年，17岁）

我目前就读于南方医科大学生物技术专业，学习方向是应用生物学，也就是应用生物学的知识与技术，为人们提供生物方向的产品和服务。回顾自己的学习历程，生物对我来说，一直充满着奥秘与惊喜。

小时候，我便对生物学比较感兴趣。当时的我并不知道"生物"这个词是什么意思，只是单纯地喜欢亲近自然。我乐于感受户外微风吹拂的感觉，喜欢将叶片置于光下观察它们微小的绒毛与叶脉，喜欢琢磨地面上经过的小小昆虫，这种单纯而天然的、对于观察的喜爱，可能是我与生物结缘的开端。

上小学之后，我开始阅读各类科普杂志，痴迷于观看各种自然纪录片，渐渐地，不知何时，爱好就转变为梦想。上高中时，我加入了生物竞赛小组，开启挑战与成长并存的新阶段。在一个下午，负责生物竞赛的老师找到我，说最近要办一场少年版本的格致论道，他推荐我和常效通为候选人，于是我们与格致论道·未来少年相遇了。

最初得知我们拥有这样一个宝贵的机会时，我和常效通便开始构思究竟要选取怎样的题目、以怎样的形式，才能通过一次演讲让更多人走近生物、爱上生物呢？经过几天的琢磨，我从一部有关癌症治疗的纪录片中选定了主题——CAR-T细胞疗法（嵌合抗原受体T细胞疗法），这是一种前沿且富有成效的新型癌症治疗方法，对血液型肿瘤有很好的疗效。

经过不断地磨合，我们俩决定采用一种特殊的表达方式：由我扮演T细胞、常效通扮演癌细胞，以双方对抗的类舞台剧风格，更好地向我们的目标受众——中学生们，科普这个较为前沿的医学知识，期望给他们留下更深的印象。

　　回想准备演讲的那段时间，前所未有的压力也带给我新的思考，恰巧与我最近看到的观点不谋而合："人生之中总要经历一些困难而又很有压力的时间段，这个阶段，正是解决自身问题、完善自己的最佳时期。"我觉得准备演讲的经历就极为符合这样的描述。在倒计时的压力下，持续投入地去干一件事情，排除各种艰难险阻，就能在高密度解决自身问题的过程中获得长足的进步。

　　在准备演讲的三个月时间中，我们先是思考要用什么样的方法讲好一段故事、做好一个科普，后是不断地沟通与交流，出现矛盾并解决矛盾，增进双方的理解和信任，再到一遍遍的练习，锻炼站上讲台的勇气与演讲的技巧。这三个月，是最为难忘的三个月，也是我进步最快的三个月。在这个过程中，我体验了自己确定目标、自己安排任务、自我检验、自己对结果负责的"真正的学习过程"。我想，这也是人生大部分时间里会实际面对的情况。

　　现在的我，如五年前台上的我所言，仍旧在生物学的道路上奋力前行，更加确定生物学是我最感兴趣的方向。所以我希望继续深造，在广泛了解生物学领域各个专业方向后，选择最能激起我好奇心的板块，争取有一天可以与领域顶尖学者交流学习。

　　回首过往，与"未来少年"同行的三个月是如此珍贵，让我有机会内视自身、裨补缺漏、增进优势，同样也让我有机会在感兴趣的领域进行一次深度而持续的思考，尝试通过自身的努力解决问题，收获成效。当我读到书中众多少年们的故事，我看到了曾经的自己，也看到了由热爱与梦想织就的广阔未来。

　　往昔的少年各奔前程，成长的故事仍在继续。

# ❷ 兴趣和成长

◎ 常效通（2019年，17岁）

高中生活对我来说已然是几年前的事情了，有些记忆变得模糊，有些则愈发清晰。今天，我是一名湖南大学数理统计专业的大三学生。数理统计这个专业听起来和生物学关系甚远，然而随着分子生物学越来越多地使用统计学模型用于辅助建模，这两个学科之间的交叉正愈发频繁。

对我来说，2019年11月参加"格致论道•未来少年"活动是我高中生活的一个重要节点。那时我对生物学，具体地说是分子生物学，很感兴趣。

早在从学校开始学习生物课之前，我的生物学启蒙便开始了。

小时候，家里书架上一本又一本生物方面的科普类书籍，还有不少蕴含生物知识的漫画，家里电视机里常常播放的CCTV9频道的纪录片……这些，给小小的我开启了一扇关于生物的大门，让我窥见了虽然零散却异常丰富的生物世界，也启发了我对生物学的兴趣。

随着成长，我进入了高中，开始系统地学习生物学科。由于早期的基础比较好，我又对生物有浓厚的兴趣，所以我积极地参加了生物竞赛小组，得以学到更多的生物知识。新的知识同过去零散的知识一起，如蜘蛛网上的一个个节点相互联结，形成了我的生物学知识体系。

2019年11月，我和生物竞赛小组中的好朋友一同登上了"格致论道•未来少年"的讲台进行演讲。在演讲中，我们介绍了一种新的用于治疗癌症的细胞疗法，并合作展示了它的作用过程。有意思的是，他对于其中的生物技术更有兴趣，并在大学选择了这个专业；而我则被这种细胞疗法中的重要一步——构建抗体蛋白结构中的AI算法所吸引，选择了学习统计学大类下的数理统计专业。

参加这个活动对我的学习生涯和性格都有着相当大的影响。

从学习生涯上讲，它坚定了我学习的方向。在我升入大学之际，由于种种原因，我被学校调剂到了工商管理专业。在"格致论道•未来少年"活动中演讲的经历，既让我明确自己心仪的专业是数理统计专业，更让我有勇气和决心去面对转专业这个复杂而艰难的流程。申请、考试、选拔、面试……经过努力，我也成功地转到了数理统计专业。

从性格上来说，在参加活动之前，我更喜欢独自完成学习任务，也很少参加演讲类的活动。而那年参加活动时，我们的演讲是两人合作的形式，为了达到活动要求的水准，我和我的伙伴进行了数不清的排练。在这个过程中，如何配合对方，如何对抗自己内心的紧张，如何应变和沟通，甚至是面对观众批评时如何调整心态……这些经历填补了我人生中的一些空白，让我懂得团队配合的重要性，让我有展现自己的勇气，让我的演讲能力和口才得到了提升，也让我能够平和看待他人的评论和批评。

总的来说，在准备和参加格致论道活动的过程中，我在学习上和性格上都有了快速的成长，这些经历是我生命中的宝贵财富之一。